D1731174

Mikko Alameri: Eisenbahnen in Finnland

Mikko Alameri

Eisenbahnen in Finnland

Verlag Josef Otto Slezak
Wien 1979

Mikko Alameri, geboren am 18. 5. 1948 in Tampere, Finnland, hat an der Universität Helsinki studiert und ist als Informationssekretär bei der finnischen Eisenbahnhauptverwaltung in Helsinki tätig gewesen. Seine Forschungen über die Schienenverkehrsgeschichte seines Vaterlandes wurden sowohl in finnischen als auch in ausländischen Fachorganen publiziert. Alameri ist bestrebt, die Verkehrsgeschichte Finnlands auch außerhalb der Grenzen seines Landes bekannt zu machen. Er verfolgt seit rund zwei Jahrzehnten die Entwicklung des finnischen Schienenverkehrs und dokumentiert sie fotografisch. Alameri gehört zu den Mitbegründern einer organisierten Vereinstätigkeit unter den finnischen Eisenbahnfreunden und des Verkehrs auf der einzigen Museumsbahn Finnlands. Er arbeitet auch für die Bewahrung der kulturgeschichtlich wertvollen Eisenbahntradition als Ausschußmitglied in den Museums- und Informationskomitees des finnischen Eisenbahnmuseums in Hyvinkää.

Band 22 der Schriftenreihe *Internationales Archiv für Lokomotivgeschichte* (IAL 22)
ISBN 3-900134-22-7

Tästä kirjasta on tehty myös suomenkielinen laitos.
Von diesem Buch liegt auch eine Ausgabe mit finnischem Text (Seiten 1 bis 64) vor.

Titelbild:
Dm 9-Triebwageneinheit bei Pursijärvi im Sommer 1972.
Foto O. Lehtonen

Lektorat: Dr. Friedrich Slezak
Bild-Layout: Ilse Slezak

Inhalt

Abkürzungen

Ab	Aktiebolag
AEG	Allgemeine Elektricitäts-Gesellschaft, Berlin-Grunewald
Alco	American Locomotive Company, Schenectady (N.Y.)
Alst	Société générale de constructions électriques et mécaniques Alsthom, Belfort
ASEA	Allmänna Svenska Elektriska AB, Västerås
Atlas	AB Atlas, Stockholm
Avon	Avonside Engine Comp., Fishponds Works, Bristol
Baldw	Baldwin-Locomotive-Works, Philadelphia (Pa)
BBC/B	AG Brown, Boveri & Cie, Baden
Bors	A. Borsig, Berlin-Tegel
BP&C	Beyer, Peacock & Co Ltd, Gorton Foundry, Manchester
Brass	Peto, Betts & Brassey, Canada Works, Birkenhead
Brill	J. G. Brill & Co, Schenectady (N.Y.)
BThH	The British Thomson-Houston Co Ltd, Rugby
Carel	Carels Frères, Gand
Carls	Hilding Carlssons Mekaniska Verkstad, Umeå
Dübs	Dübs & Co, Glasgow Locomotive Works, Glasgow
Falun	Vagn & Maskinfabriks AB, Falun
Frich	A/S Frichs Maskinfabrik & Kedelsmedie, Århus
GE	General Electric Company, Erie (Pa)
Häggl	AB Hägglund & Söner, Örnsköldsvik
Hano	HANOMAG Hannoversche Maschinenbau-AG vorm. Georg Egestorff, Hannover-Linden
HaWa	Hannoverische Waggonfabrik, Hannover
He	Henschel & Sohn GmbH, Kassel
Hki	Statsjernvägarnes Verkstad, Helsingfors / Valtionrautateiden Helsingin konepaja
HKL	Helsingin kaupungin liikennelaitos (Verkehrsbetriebe der Stadt Helsinki)
Hlt	Hietalahden Laivatelakka ja Konepaja Osakeyhtiö, Helsinki
HRO	Helsingin Raitiotie ja Omnibus Osakeyhtiö (Helsinkier Straßenbahn- und Omnibus-AG)
ISG	Internationale Schlafwagen Gesellschaft
Jung	Arn. Jung Lokomotivfabrik GmbH, Jungenthal bei Kirchberg an der Sieg
Kai	Kaipio Oy, Tampere
Karia	Oy Karia Ab, Karjaa
KHD	Klöckner-Humboldt-Deutz AG, Köln
Kumm	Actiengesellschaft Elektricitätswerke vorm. O. L. Kummer & Co, Dresden
LHB	Linke-Hofmann-Busch, Breslau
Lokom	Lokomo Oy, Tampere
Mota	AB Motala Verkstad, Motala
Naxos	AB Slipmaterial-Naxos, Västervik
NDWF	Norddeutsche Waggonfabrik, Bremen
Neil	Neilson & Co, Springburn Works, Glasgow
Now	Новочеркасский элект ровозостроительный завод С. М. Вуденны
NyHo	Nydqvist & Holm AB (NOHAB), Trollhättan
O&K	Orenstein & Koppel AG, Berlin-Drewitz
Oy	Osakeyhtiö
Psl knp	Valtionrautateiden Pasilan konepaja, Helsinki
Richm	Richmond Locomotive Works, Richmond (Va)
SAT	Oy Suomen Autoteollisuus Ab, Helsinki ja/und Karjaa
Scan	A/S Vognfabrikken Scandia, Randers
Schk	Berliner Maschinenbau-Actien-Gesellschaft, vormals L. Schwartzkopff, Berlin
Sigl	G. Sigl Locomotiv Fabrik, Wien und Wiener Neustadt
Siu	Ордена трудового красного знамени троллейьусный завод им. Урицкого
SJ	Statens Järnvägar
SLM	Schweizerische Lokomotiv- und Maschinenfabrik, Winterthur
Str	Oy Strömberg Ab, Helsinki
Tamp	Oy Tampella Ab, Tampere
TKL	Tampereen kaupungin liikennelaitos (Verkehrsbetriebe der Stadt Tampere)
TKL	Turun kaupungin liikennelaitos (Verkehrsbetriebe der Stadt Turku)
TRT	Turun Rautateollisuus Osakeyhtiö, Turku
Valm	Valmet Oy, Tampere
VR	Valtionrautatiet
VulcW	Vulcan Locomotive Works, Wilkes-Barre (Pa)
Wr Nst	Actien-Gesellschaft der Lokomotiv-Fabrik, vormals G. Sigl, Wiener Neustadt

VORWORT

Obgleich die Eisenbahngeschichte Finnlands ein unerschöpfliches Forschungsgebiet bildet, ist sie in der Literatur bisher ziemlich wenig, und zwar hauptsächlich in offiziellen Publikationen behandelt worden. In den letzten Jahren, als die finnischen Eisenbahnen in der fremdsprachigen Literatur mehr Berücksichtigung fanden, ließen sich die Autoren allerdings teilweise Ungenauigkeiten zuschulden kommen, weil sich das größtenteils finnische Quellenmaterial dem Ausländer nicht leicht erschließt. Andererseits fällt dem Finnen selbst die Beschaffung von Angaben aus älteren Zeiten bisweilen schwer. Die richtige Auswahl aus einander widersprechenden Quellen kann sogar nach gründlichen Archivstudien unmöglich sein. Auch fehlt aus verständlichen Gründen vieles aus der Zeit des Zweiten Weltkriegs. Leider bleibt darum manche interessante Phase der finnischen Eisenbahngeschichte für immer ungeklärt.

In dem vorliegenden Buch habe ich versucht, eine mit finnischen Augen gesehene nichtoffizielle Gesamtdarstellung des Schienenverkehrs in Finnland von den vierziger Jahren des 19. Jahrhunderts bis zum Ende des Jahres 1973 vorzulegen, die sowohl finnischen wie ausländischen Interessierten und Verkehrshistorikern dienen soll. Diese Darstellung legt das Hauptgewicht auf jene Phasen der Eisenbahngeschichte, die mit der Entwicklung der allgemeinpolitischen Lage Finnlands verknüpft sind. Von dem rollenden Material der Eisenbahnen sind die Lokomotiven der Staatseisenbahnen gründlicher, die Privatbahnen mehr summarisch behandelt. Der Stadtverkehr, der sich indirekt an die Eisenbahngeschichte anschließt, ist als eigenes Ganzes dargestellt.

Im Text und in den Karten dieses Buches bleiben mit einigen Ausnahmen die Hafenbahnen, die ausschließlich für Industrieanlagen und Gruben gebauten Bahnen sowie die weniger als zehn Kilometer langen unerheblichen Zweigbahnen in der Provinz unberücksichtigt, weil diese das Gesamtbild trüben könnten. Die Tabellen der technischen Hauptabmessungen der Lokomotiven führen bei verschiedenartigen Quellen in der Regel die älteste Angabe an. Die Abkürzungen der Lokomotivfabriken richten sich nach dem Buch *Die Lokomotivfabriken Europas* (J. O. Slezak, Wien 1962).

Von den zahlreichen Personen, die freundlicherweise beim Sammeln des Materials und bei der Verwirklichung des Buches geholfen haben, will ich speziell meinen Eltern danken sowie den Herren Ilkka Hovi, Ingenieurlehrling; Reino Kalliomäki, Zahnarzt; Mikko Lumio, Lehrer; und Eero Söderqvist, Dipl.-Ing. Mit Genehmigung des Herrn Professors Tuomo Polvinen durfte ich mehrere Stellen seiner eisenbahngeschichtlich sehr interessanten Doktordissertation entnehmen; ich danke ihm hochachtungsvoll. Herr Lennart Welander Verkehrsingenieur aus Schweden, hat als Sachverständiger der Straßenbahnen der nordischen Länder mich bei dem Kapitel Stadtverkehr freundlich unterstützt. Frau Tellervo Boström danke ich für die Erlaubnis, die umfassende und wertvolle Fotosammlung ihres verschiedenen Gatten Arne Boström zu verwerten. Ferner will ich allen Bibliothekaren, Archivaren, Museumsdirektoren und ihren Helfern danken, die ich während meiner Forschungen belästigt habe. Die wertvolle Hilfe von Seiten des Personals der Staatseisenbahnverwaltung sei auch nicht vergessen.

Zum Schluß will ich recht herzlich meinem Verleger, Herrn Josef Otto Slezak in Wien, danken; seine Anspornung und Unterstützung haben entscheidend zu dem Entstehen dieses Buches beigetragen. Ich hoffe, daß meine Darstellung die Kenntnis von der ehrenvollen Eisenbahngeschichte meines Vaterlandes in weiteren ausländischen Kreisen fördern wird.

Helsinki, November 1974 / April 1978   Mikko Alameri

Meinem Großvater gewidmet

Staatsbahnwerkstätte Oulu, um 1910
(Mein Großvater links im Bild, rechts der Vater
meines Großvaters, damals Chef der VR-Werkstätte Oulu)

Finnland − Grenzland zwischen West und Ost

Lage und Grenzen

Wenn man von den einzelnen Teilstaaten in USA, Kanada und der Sowjetunion absieht und diese Länder als ein Ganzes betrachtet, sind Finnland und Island die nördlichsten Staaten der Welt und Finnlands Hauptstadt Helsinki ist nach Reykjavík in Island die zweitnördlichste Hauptstadt. Zwar reichen Teile von USA, Kanada, Norwegen und der Sowjetunion, ebenso Grönland, das zu Dänemark gehört, weiter nach Norden, aber die zentralen Gebiete der erwähnten Länder liegen doch südlicher als Finnland. Etwa ein Drittel der Fläche Finnlands liegt nördlich des Polarkreises. Finnland liegt zwischen 59° 30' 10" n.Br. (Insel Bogskär in der Ostsee) und 70° 5' 30" n.Br. (Utsjoki), und zwischen 19° 7' 3" ö.L. (Insel Märket im Bottnischen Meerbusen) und 31° 35' 20" ö.L. (Ilomantsi). Es erstreckt sich in Süd-Nord-Richtung über etwa 1160 km, in West-Ost-Richtung über rund 540 km.

Die Landgrenzen Finnlands messen zusammen 2521 km, davon gegen Schweden 536 km, gegen Norwegen 716 km und gegen die Sowjetunion 1269 km. Die Länge der Küsten gegen den Finnischen Meerbusen im Süden, die Ostsee im Südwesten und den Bottnischen Meerbusen im Westen beträgt etwa 4600 km (auf einer geradlinigen Strecke von etwa 1100 km; die Küste schlängelt sich also in hohem Grad). Finnlands Land- und Seegrenzen machen also insgesamt etwa 7100 km aus. Im Meer liegen etwa 30.000 Inseln, die zu Finnland gehören.

Fläche, Relief und Klima

Mit seiner Fläche von 337.000 km^2 ist Finnland das fünftgrößte Land Europas (nach der Sowjetunion, Frankreich, Spanien und Schweden). 71 % des Landes sind mit Wäldern bedeckt, 10 % landwirtschaftlich genutzt und 19 % unproduktives Land, Städte, Straßen usw. Von der Landesfläche befinden sich 61 % im Privatbesitz, 32 % im Staatsbesitz, 5 % im Besitz von Gesellschaften und 3 % im Besitz von Gemeinden und der Kirche. Der Staatsbesitz konzentriert sich in den Waldgebieten in Ost- und Nordfinnland; so sind 75 % des Regierungsbezirks Lappland im Staatsbesitz.

Finnland − "das Land der tausend Seen" − hat etwa 55.000 Binnenseen mit einer Uferlänge von über 300.000 km und einer Fläche von insgesamt 31.600 km^2 oder 9,4 % der Fläche Finnlands. Im Regierungsbezirk Mikkeli sind 24,2 % der Fläche Seen. Das größte Binnenseensystem des Landes, Suur-Saimaa (= Groß-Saimaa), umfaßt 4400 km^2 Wasserfläche und hat, die Inseln mitgerechnet, eine Uferlänge von 13.700 km.

Finnland südlich des Polarkreises ist verhältnismäßig flach, die höchsten Hügel steigen kaum über 300 m. Doch gibt es nur in wenigen Teilen des Landes Ebenen, und zwar hauptsächlich in Küstennähe; das Innere ist zum größten Teil Hügellandschaft. Nur in Lappland gibt es wirkliche Berge; die höchste Erhebung, Haltia an der Grenze zwischen Finnland und Norwegen, erreicht 1328 m.

Die durchschnittliche Jahrestemperatur beträgt in Helsinki + 5,4° C, in Sodankylä (Lappland) − 0,4°. Der wärmste Monat ist der Juli (durchschnittliche Monatstemperatur in Helsinki + 18°, in Sodankylä + 15°), der kälteste der Februar (in Helsinki − 6°, in Sodankylä − 13°). Als Extreme wurden 1914 in Turku + 35,9° und 1862 in Sodankylä − 51,3° gemessen.

Bevölkerung

Bei insgesamt 4,650.000 Einwohnern beträgt die Bevölkerungsdichte etwa 15 Menschen pro km^2. 57 % der Bevölkerung wohnen in Ballungszentren und 43 % in ländlichen Bezirken. Finnland hat zwei Volkskirchen: die Lutherische (91,5 % der Bevölkerung) und die Orthodoxe (griechisch-katholische; 1,4 %). Die übrigen Kirchen (römisch-katholische, Adventisten usw.)

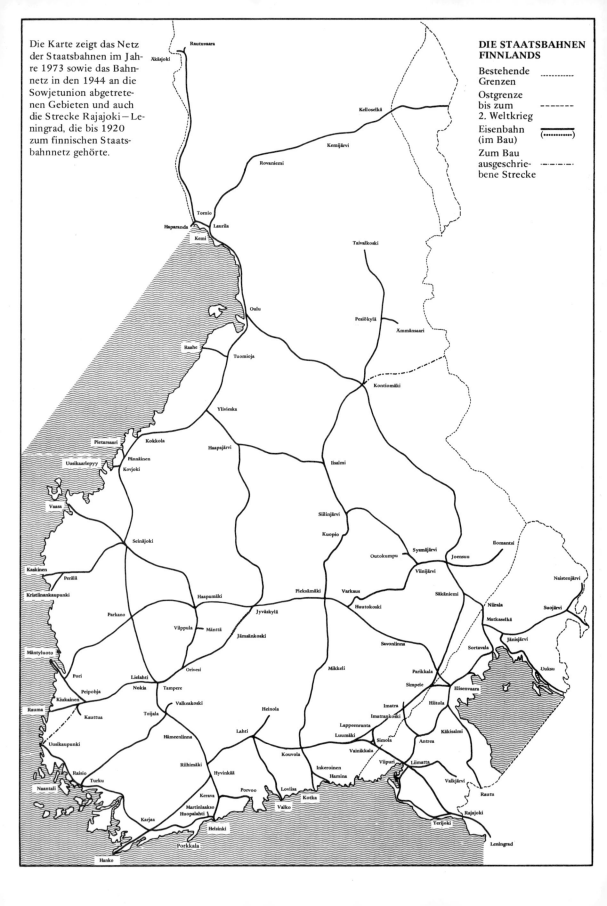

Die Karte zeigt das Netz der Staatsbahnen im Jahre 1973 sowie das Bahnnetz in den 1944 an die Sowjetunion abgetretenen Gebieten und auch die Strecke Rajajoki—Leningrad, die bis 1920 zum finnischen Staatsbahnnetz gehörte.

DIE STAATSBAHNEN FINNLANDS

Bestehende Grenzen ....

Ostgrenze bis zum 2. Weltkrieg − − −

Eisenbahn (im Bau) (•••••••••)

Zum Bau ausgeschriebene Strecke −·−·−·

Rautuvaara
Äkäsjoki
Kelloselkä
Kemijärvi
Rovaniemi
Tornio
Laurila
Haparanda
Kemi
Taivalkoski
Oulu
Pesiökylä
Ammänsaari
Raahe
Tuomioja
Kontiomäki
Ylivieska
Pietarsaari
Kokkola
Haapajärvi
Iisalmi
Pännäinen
Uusikaarlepyy
Kovjoki
Vaasa
Siilinjärvi
Kuopio
Seinäjoki
Outokumpu
Sysmäjärvi
Ilomantsi
Joensuu
Kaskinen
Perälä
Viinijärvi
Naistenjärvi
Kristiinankaupunki
Pieksämäki
Varkaus
Säkäniemi
Niirala
Suojärvi
Parkano
Haapamäki
Huutokoski
Matkaselkä
Vilppula
Mänttä
Jyväskylä
Jänisjärvi
Mäntyluoto
Jämsänkoski
Savonlinna
Sortavala
Uuksu
Pori
Orivesi
Mikkeli
Parikkala
Peipohja
Lielahti
Elisenvaara
Kiukainen
Nokia
Tampere
Simpele
Hiitola
Rauma
Valkeakoski
Heinola
Imatra
Käkisalmi
Kauttua
Toijala
Imatrankoski
Lappeenranta
Antrea
Uusikaupunki
Hämeenlinna
Lahti
Luumäki
Simola
Raisio
Riihimäki
Kouvola
Vainikkala
Viipuri
Liimatta
Turku
Hyvinkää
Inkeroinen
Rautu
Naantali
Kerava
Porvoo
Loviisa
Hamina
Valkjärvi
Karjaa
Martinlaakso
Huopalahti
Valko
Kotka
Helsinki
Rajajoki
Porkkala
Terijoki
Hanko
Leningrad

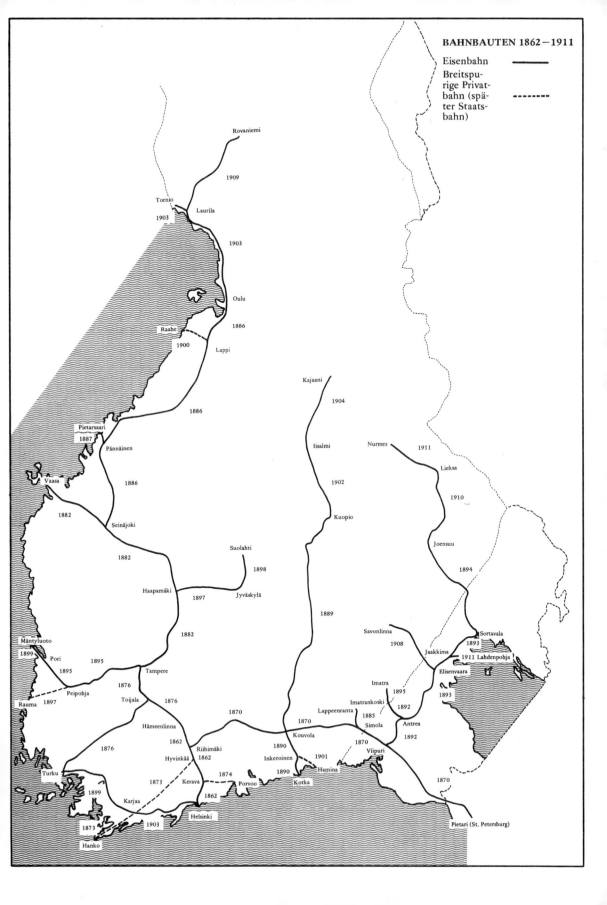

BAHNBAUTEN 1862–1911

Eisenbahn

Breitspurige Privatbahn (später Staatsbahn)

Rovaniemi

1909

Tornio
1903

Laurila

1903

Oulu

1886

Raahe
1900
Lappi

1886

Kajaani

1904

Pietarsaari
1887

Pännäinen

Iisalmi

Nurmes
1911

Lieksa

1910

Vaasa

1886

1902

1882

Seinäjoki

Kuopio

Joensuu

1882

Suolahti

1898

1894

Haapamäki
1897
Jyväskylä

Mäntyluoto
1899
Pori
1895

1882

1889

Savonlinna

Sortavala
1893

1908

1911 Lahdenpohja

Jaakkima

1895

Imatra

1895

Elisenvaara
1893

1895

Tampere

1876

Peipohja

Toijala
1876

1870

Imatrankoski
1885

Antrea
1892

Rauma
1897

Hämeenlinna

Lappeenranta
1870

Simola

1892

1876

1862
Riihimäki
1862

Kouvola

1889

Hyvinkää

Inkeroinen
1890

1870

Viipuri

Turku

1873
Kerava
1874
Porvoo
1890
Kotka
1901

Hamina

1870

1899

Karjaa

1862

1903

Helsinki

1873
Hanko

Pietari (St. Petersburg)

und Religionen (jüdische, islamitische usw.) sind spärlich vertreten: zusammen ca. 35.000 Personen (0,7 %). Konfessionslos sind 6,4 % der Bevölkerung.

Finnland ist offiziell ein zweisprachiges Land mit finnisch und schwedisch als Landessprachen. Die Vorfahren der schwedischsprachigen Minderheit sind z. T. zwischen dem 9. und dem 13. Jahrhundert aus Schweden nach Finnland eingewandert. Diese Minderheit wohnt zum überwiegenden Teil an der Küste oder in ihrer Nähe; weiter als 35 km von der Küste entfernt gibt es keine größeren Gebiete der schwedischsprachigen Minderheit, nur verstreute Gruppen, hauptsächlich in den Städten. Nicht wenige Einwohner Finnlands, die das Schwedische als ihre Muttersprache bezeichnen, entstammen Familien, die ursprünglich Finnisch sprachen, jedoch zum Schwedischen übergingen, weil es vom 13. bis zum 19. Jahrhundert die Sprache der Gebildeten war. Im Jahre 1880 gab es 295.000 schwedischsprechende, somit 14,3 % der Bevölkerung; 1940 erreichte diese Minderheit ihre Maximalzahl, 354.000, was indessen nur 9,6 % der Gesamtbevölkerung ausmachte. Im Jahre 1970 gab es bloß 303.500 schwedischsprechende, also 6,6 % der Bevölkerung.

Trotz diesem starken Abgang der Schwedischsprechenden sind ihre Rechte garantiert, denn die Sprachengesetzgebung Finnlands ist sehr tolerant. Kaum irgendwo erfreut sich eine sprachliche Minderheit eines so guten Schutzes wie in Finnland. Alle zehn Jahre wird anläßlich der Volkszählung das Sprachenstatut jeder Gemeinde für die folgenden zehn Jahre bestimmt. Die Gemeinden sind entweder finnischsprachig (Anzahl derzeit 409), zweisprachig mit finnisch als Sprache der Majorität (18), zweisprachig mit Schwedisch als Sprache der Majorität (25) oder schwedischsprachig (15 ohne die Gemeinden der Alandinseln). Dieses Statut regelt neben allen offiziellen Bekanntmachungen der Gemeinden auch die Namen auf Ortstafeln und Wegweisern. Je nach der sprachlichen Struktur der Gemeinde kann man auf Wegweisern Helsinki oder Helsinki/Helsingfors oder Helsingfors/Helsinki oder Helsingfors lesen, wenn man den Weg nach Finnlands Hauptstadt fährt.

Die Alandinseln zwischen Finnland und Schweden bestehen aus einigen großen und rund 6500 kleinen Inseln mit zusammen 1500 km² Landfläche und 21.500 Einwohnern. Ein Teil der Inselbewohner wandte sich 1917, als Finnland noch ein Teil Rußlands war, an den König von Schweden und bat, sich an Schweden anschließen zu dürfen. Nachdem Schweden Truppen nach den Inseln gesandt hatte, wurde die Aland-Frage ein Stein des Anstoßes zwischen Finnland und Schweden während der Jahre 1918–1921. Der Völkerbund beschloß 1921, daß die Inseln wohl zu Finnland gehören, aber Autonomie erhalten müßten. Die Inseln bekamen 1922 ein weitreichendes Autonomiestatut mit eigener Provinzgesetzgebung. Auf den Alandinseln ist nur Schwedisch Amtssprache; die Provinz hat auch eine eigene Fahne.

Neben den 4,3 Millionen finnischsprechenden (93,2 %) und 300.000 schwedischsprechenden (6,6 %) gibt es noch 8.000 Personen (0,2 %), die sich zu anderen Sprachen bekennen; einen bedeutenden Teil davon bilden die Samen (Lappen) in den nördlichsten Teilen des Landes als Minderheit unter den Einwohnern Lapplands: von den 195.000 Einwohnern des Regierungsbezirks Lappland sind nur 4400 Lappen und die übrigen Finnen. Sprachlich zählen die Finnen nicht zur indogermanischen Völkerfamilie, sondern gehören, zusammen mit den Esten, den Ungarn und einigen kleinen Völkern in Mittel- und Nordrußland, zur finnisch-ugrischen Sprachfamilie (insgesamt 17 bis 18 Millionen).

Finnland ist eine parlamentarisch-demokratische Republik. Der Präsident wird auf 6 Jahre und das Parlament (200 Mitglieder) auf 4 Jahre gewählt. Finnland war das erste Land in Europa und nach Neuseeland das zweite in der Welt, in dem die Frauen das staatliche Wahlrecht erhielten (1906; kommunales Wahlrecht hatten sie schon seit 1865). Im Parlament sind insgesamt neun Parteien vertreten; die größten sind die sozialdemokratische Partei, die volksdemokratische Union, die Zentrumspartei und die nationale Koalition.

Geschichte

Das Land, das wir jetzt Finnland nennen, war ursprünglich von Lappen (oder Samen, wie sie sich selbst nennen) bewohnt. Die ältesten Funde stammen aus der Zeit um 7500 v. Chr. Die Lappen jedoch wurden nach Norden, nach Lappland, verdrängt, als aus Süden und Osten finnische Stämme eindrangen. In der Literatur wurden die "Fenni" zum ersten Mal im Jahre 98 von Tacitus genannt, und das Volk, das er schilderte, bezeichnet wahrscheinlich die Lappen. Erst um 1155 treten die Finnen ins volle Licht der Geschichte. Die finnischen Stämme, die das Land vom Bottnischen Meerbusen bis zum Onegasee und zum Weißen Meer besiedelten, hatte das Schicksal in ein Gebiet geführt, das für 800 Jahre ein Streitgegenstand zwischen dem Westen und dem Osten wurde. Diese Landenge zwischen der skandinavischen Halbinsel und dem osteuropäischen Kontinent begannen im 12. Jahrhundert sowohl die römisch-katholischen Schweden als die griechisch-orthodoxen Russen zu begehren, und Finnland mußte jahrhundertelang unter dem Ringen der Germanen mit den Slawen leiden. Um 1155 unternahmen die Schweden den *ersten Kreuzzug* nach Finnland (*Ostland*, wie sie es nannten) und begannen, das Land zu erobern und die heidnischen Einwohner zum Christentum zu bekehren. Die erste Grenze zwischen Schweden und Rußland, 1323 in Schlüsselburg gezogen, teilte die finnischen Gebiete jedoch entzwei. Schweden setzte in den folgenden Jahrhunderten seine Eroberungen nach Osten und Nordosten fort. Endlich wurde 1617 im wesentlichen jene Grenze erreicht, die noch 1939 Finnlands Ostgrenze war. Aber hinter dieser Grenze, die in unzähligen Krümmungen die Wälder Kareliens durchzog, lebten Finnen bis zur Linie Newa—Ladogasee—Swir—Onegasee—Weißes Meer. Diese Finnen blieben unter russischer Herrschaft und nahmen die griechisch-orthodoxe Religion an. Heute bildet das Gebiet vom Ladogasee bis zum Weißen Meer, zwischen Swir und der Grenze Finnlands, die Karelische Autonome Sozialistische Sowjetrepublik mit Finnisch und Russisch als offizielle Sprachen.

Das schwedische Reich, das um 1700 seine größte Ausdehnung erreicht hatte, mußte nach den Kriegen, die 1721 und 1743 endeten, große Gebiete von Südostfinnland, und als der Krieg 1808-09 endete, ganz Finnland an Rußland abtreten sowie weite Gebiete von Lappland, die bis dahin zu Schweden gerechnet wurden und nicht zu Finnland. Doch wurde Finnland 1809 nicht in Rußland eingegliedert, sondern bildete ein Großfürstentum, dessen Regent der Zar von Rußland war. Der Zar Alexander I. versprach Finnland, alle Grundgesetze und bisherigen Rechte des Landes zu achten. 1811 wurden auch jene Gebiete, die Rußland 1721 und 1743 gewonnen hatte, an das Großfürstentum angegliedert.

Finnland bildete also einen eigenartigen abendländischen Teil des morgenländischen russischen Reichs, mit Autonomie, eigener Sprache und eigenen Gesetzen. Aber trotz seiner nominellen Autonomie war Finnland ganz von Rußland abhängig. Später, speziell während der *Bedrückungsjahre 1899—1905,* versuchten die russischen Machthaber, die finnischen Rechte zu vernichten. Die Finnen widerstanden hartnäckig diesen Versuchen. Nachdem die Revolution von 1917 Rußland erschüttert hatte und das Zarentum gefallen war, erklärte der finnische Senat am 6. Dezember 1917 die Selbständigkeit des Landes. Da die russischen Truppen dennoch im Lande blieben, mußten die Finnen im *Freiheitskrieg* vom Jänner bis Mai 1918 die Russen forttreiben. Erst 1920 wurde der Friedensvertrag zwischen Sowjetrußland und Finnland unterzeichnet; Finnland erhielt das Petsamo-Gebiet und somit einen Zugang zum Nördlichen Eismeer mit einem Hafen.

Nachdem die Sowjetunion im Herbst 1939 Stützpunktforderungen an Estland, Lettland und Litauen gestellt hatte, auf die diese Länder eingingen, und an Finnland, das auf diese nicht einging, begann der *Winterkrieg* (30. Dezember 1939—13. März 1940). Sobald die sowjetischen Truppen in Finnland vordrangen, wurde die Zivilbevölkerung mit ihrer Habe evakuiert. Als Folge dieses Krieges mußte Finnland etwa ein Zehntel seines Gebiets an die Sowjetunion abtreten, hauptsächlich im Südosten, aber auch im Nordosten. Von der Bevölkerung dieser Gebiete wollten 99,99 % nicht sowjetische Staatsangehörige werden, sondern ließen ihr unbewegliches Gut zurück und übersiedelten nach Finnland. So wurde an die Sowjetunion ein einwohnerloses Land abgetreten, und für 422.000 Finnen begann der schwierige Prozeß, sich an neue Verhältnisse anzupassen und an neuen Wohnorten in einem durch Luftangriffe schwer beschädigten Land Arbeit und Wohnung zu finden. Außer diesen abgetretenen Gebieten mußte Finnland der Sowjetunion die Südspitze des Landes mit der Stadt Hanko als Flottenstützpunkt vermieten.

In den Jahren 1940/41 gestattete Finnland den deutschen Truppen den Durchzug nach Nordnorwegen. Als Deutschland gegen die Sowjetunion im Juni 1941 den Krieg begann, wurde auch Finnland mitgerissen. Die finnische Armee eroberte (mit Ausnahme einer kleinen befestigten Halbinsel im Nördlichen Eismeer) sämtliche Gebiete, die Finnland 1940 verloren hatte, und besetzte außerdem etwa 100.000 km^2 sowjetischen Gebiets, nämlich beinahe alle sowjetkarelischen Gebiete, auf denen finnische Volksstämme wohnen. Diese Truppen unterbrachen die Leningrad-Murmansk-Eisenbahn, überschritten den Fluß Swir und eroberten Inseln im Onegasee. Vom Dezember 1941 bis Juni 1944 stand die Front still, und die aus den abgetretenen finnischen Gebieten ausgezogene Bevölkerung kehrte zu ihren alten Wohnstätten zurück.

Im Juni 1944 begannen die sowjetischen Armeen einen Angriff zwischen dem Finnischen Meerbusen und dem Ladogasee, der die finnischen Truppen zur Vermeidung einer Einschließung und in Anbetracht des bevorstehenden Siegs der Alliierten zum Rückzug aus Sowjetkarelien zwang. Im Waffenstillstandsvertrag vom 4. September 1944 mußte Finnland außer den Gebieten von 1940 auch das Petsamo-Gebiet und somit seinen Eismeerhafen abtreten. Wieder übersiedelten 99,99 % der Bevölkerung in das kleinere Vaterland, und wieder wurden menschenleere Gebiete übergeben. Statt Hanko mußte Finnland diesmal das Porkkala-Gebiet in unmittelbarer Nähe der finnischen Hauptstadt als Stützpunkt an die Sowjetunion verpachten.

Eine besondere Episode bildete der Krieg in Lappland. Gemäß dem Waffenstillstandsvertrag mußte Finnland die deutschen Truppen aus Lappland vertreiben; dies führte zu einem *Kriegchen*, das vom 28. September 1944 bis 26. April 1945 dauerte.

Nach 1944 strebte Finnland zielbewußt gutnachbarliche Beziehungen zur Sowjetunion an. Der Erfolg dieser Politik stellte sich alsbald ein, indem die Sowjetunion das Pachtgebiet von Porkkala im Jänner 1956 räumte und somit an Finnland zurückgab. Danach fungierte Finnland ähnlich Österreich immer wirkungsvoller als neutraler Brückenbauer zwischen Ost und West. Porkkala im Jänner 1956 räumte und somit an Finnland zurückgab. Danach fungierte Finnland ähnlich Österreich immer wirkungsvoller als neutraler Brückenbauer zwischen Ost und West. In den siebziger Jahren hat diese energische politische Tätigkeit zu bemerkenswerten Ergebnissen geführt; so wurden die SALT-Beratungen (Strategic Arms Limitation Talks) in Finnland eröffnet, und 1973/75 tagte in Helsinki die europäische Sicherheitskonferenz. Wie während 800 Jahren begegnen einander heutzutage Westen und Osten wieder in Finnland, aber diesmal nicht mehr unter Waffen, sondern im Zeichen des Friedens.

Grundzüge der Eisenbahngeschichte Finnlands

Die beigefügten Karten zeigen die Entwicklung der finnischen Staatseisenbahnen in drei großen Phasen: (siehe Seiten 11, 16 und 17)

1862—1911: Entstehung der großen Hauptbahnen
1912—1944: Ausgestaltung eines wirklichen Bahnnetzes
1945—1973: Bau von Industriebahnen, Verkürzungsbahnen sowie Bahnen, die das von der neuen Ostgrenze zerschnittene Bahnnetz wieder vervollkommnen.

Nachdem der Landtag (seit 1907 Reichstag) im Jahre 1877 die Eisenbahnpolitik in seine Hände genommen hatte und nicht mehr bloß die Vorlagen des Senats (seit 1918 Regierung) billigen mußte, entstanden beinahe alle Entscheidungen über den Bau neuer Eisenbahnen als Kompromiß. Folgende Worte, die sich auf einen bestimmten Landtag beziehen, haben Berechtigung für Dezennien: *Nach gewohnter Weise wurden bei den Verhandlungen der Vorlagen wieder örtliche Gesichtspunkte maßgebend, die im Landtag schroff gegeneinanderstanden, indem die Vertreter jeder Gegend ihre eigene Bahnstrecke befürworteten. Irgendwelche allgemeinpolitischen Berechnungen kann man in diesen Eisenbahndebatten nicht wahrnehmen.*

Vorgeschichte

Im Jahre 1830, als die Eisenbahn von Manchester nach Liverpool dem Verkehr übergeben wurde, erschienen in finnischen Zeitungen Nachrichten und Artikel darüber. Auch die Planung der ersten Eisenbahn Rußlands in der zweiten Hälfte der dreißiger Jahre des 19. Jahrhunderts fand Beachtung in der finnischen Presse. Die schwedischsprachige Zeitung "Helsingfors Tidningar" publizierte am 9. Dezember 1836 einen Artikel, der darauf hinwies, daß in nördlichen Gebieten, in nördlichem Klima und auf lange Entfernungen Eisenbahnen den Kanälen überlegen seien. Diese Gesichtspunkte wären *zum Teil auch auf die Verhältnisse in Finnland anwendbar.* Als der Gedanke, Eisenbahnen auch in Finnland zu bauen, an Boden gewann, begann eine eifrige Erörterung der Frage, ob Eisenbahnen oder Kanäle überlegen seien. In dem gewässerreichen Finnland wurden Fahrrinnen gebaggert und seit 1832 Kanäle gebaut. 1845—1856 wurde das umfangreiche Saimaa-Seensystem durch den 58 km langen Saimaa-Kanal mit dem Finnischen Meerbusen verknüpft. Viele waren der Meinung, daß man das Hauptaugenmerk auf Verbesserung der Fahrwasser und Bau von Kanälen richten und mit Eisenbahnen nur verschiedene Gewässer verbinden sollte. So würde — nach einem Plan aus dem Jahre 1856 — die Reise von Helsinki nach Vaasa in folgenden Etappen durchgeführt: von Helsinki nach Tampere mit Bahn, von Tampere nach Virrat mit Schiff, von Virrat nach Vaasa mit Bahn. Aber auch die Eisenbahnen hatten begeisterte Fürsprecher. Diese verwiesen darauf, daß die Kanäle wegen des Zufrierens der Seen nur einen Teil des Jahres benützbar wären und daß die Schiffe zur Herbstzeit ihre nicht beleuchteten und verschlängelten Routen nur am Tage befahren könnten. Die Eisenbahnen stünden dagegen einen viel längeren Teil des Jahres in Betrieb; so vermutet ein Artikel des Jahres 1850, daß die Eisenbahnen in Finnland *mindestens neun Monate jährlich befahrbar sind.*

Der erste wirkliche Vorschlag zum Bau einer Eisenbahn in Finnland ist datiert mit 20. März 1849. Der Chef des damaligen Weg- und Wasserbauwesens, Oberst Alfred Stjernvall, schlug vor, eine Pferdeeisenbahn von Helsinki nach Turkhauta zu bauen, von wo ab das Vanajavesi-Gewässer für den Schiffsverkehr eingerichtet werden sollte. Der Generalgouverneur ordnete eine Untersuchung an. Schon früh gingen die Untersuchungen doch zu Lokomotiveisenbahnplänen über. Turkhauta erwies sich als ungeeignet für einen Hafen, weshalb der

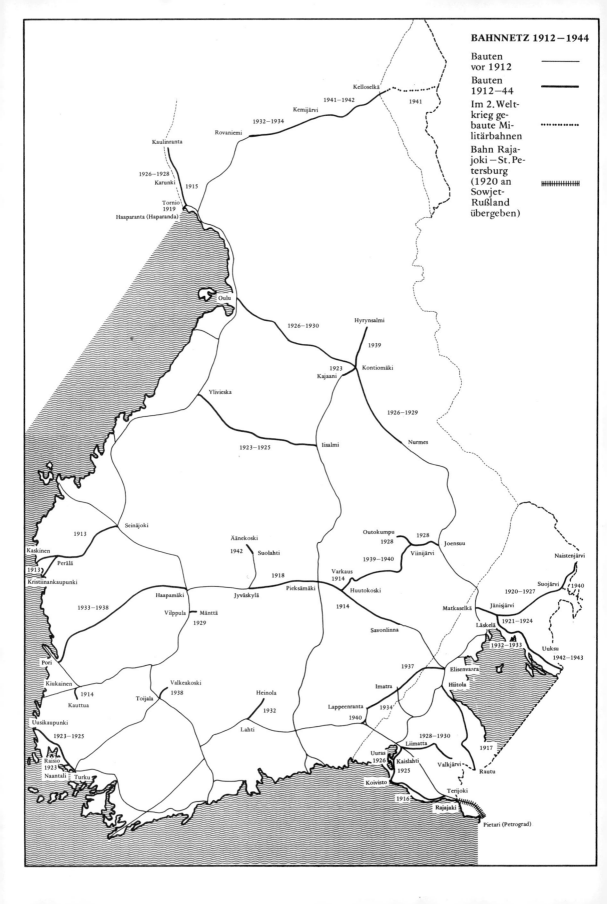

BAHNNETZ 1912—1944

Bauten
vor 1912

Bauten
1912—44

Im 2. Welt-
krieg ge-
baute Mi-
litärbahnen

Bahn Raja-
joki — St. Pe-
tersburg
(1920 an
Sowjet-
Rußland
übergeben)

Kelloselkä
1941—1942
1941

Kemijärvi
1932—1934
Rovaniemi

Kaulinranta

1926—1928
Karunki
1915
Tornio
1919
Haaparanta (Haparanda)

Oulu

Hyrynsalmi
1926—1930
1939
1923
Kajaani
Kontiomäki

Ylivieska

1926—1929
Nurmes

1923—1925
Iisalmi

Seinäjoki

Äänekoski
1942
Suolahti

Outokumpu
1928
1928
Viinijärvi
Joensuu
Naistenjärvi

1913

Kaskinen
Perälä
1913
Kristiinankaupunki

1918
Varkaus
1914
Pieksämäki
Huutokoski
1939—1940

Suojärvi
1920—1927
1940

Haapamäki
Jyväskylä
1933—1938
Vilppula
Mänttä
1929

1914
Matkaselkä
Jänisjärvi
1921—1924
Uuksu
1942—1943

Savonlinna

Läskelä
1932—1933

Pori
Kiukainen
1914
Kauttua
Toijala

Valkeakoski
1938

Heinola

1937
Imatra
Elisenvaara
Hiitola

Uusikaupunki
1923—1925
Lahti
1932

Lappeenranta
1934
1940

1928—1930
Liimatta
1917

Raisio
1923
Naantali
Turku

Uuras
1926
Kaislahti
1925
Valkjärvi
Rautu

Koivisto
1916
Terijoki
Rajajaki
Pietari (Petrograd)

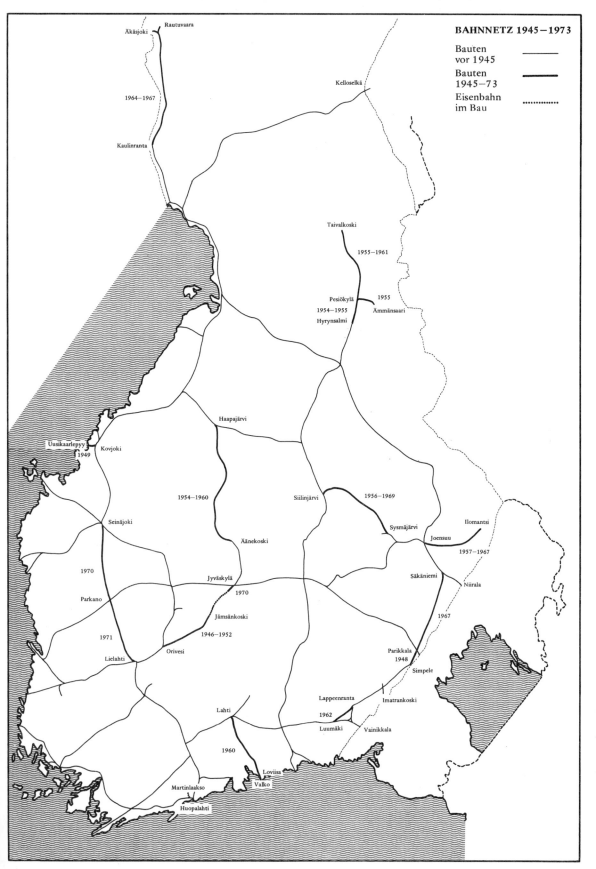

BAHNNETZ 1945—1973

Bauten
vor 1945

Bauten
1945—73

Eisenbahn
im Bau

Äkäsjoki Rautuvaara

1964—1967

Kaulinranta

Kelloselkä

Taivalkoski

1955—1961

Pesiökylä 1955
1954—1955 Ämmänsaari
Hyrynsalmi

Haapajärvi

Üusikaarlepyy Kovjoki
1949

1954—1960 Siilinjärvi 1956—1969

Seinäjoki Sysmäjärvi Ilomantsi
Äänekoski Joensuu

1970 1957—1967

Jyväskylä Säkäniemi
1970 Niirala

Parkano
1967

1971 Jämsänkoski
1946—1952 Parikkala
Lielahti Orivesi 1948

Simpele

Lappeenranta
Lahti Imatrankoski
1962
Luumäki Vainikkala

1960
Loviisa
Martinlaakso Valko
Huopalahti

2 Finnland

1851 fertige Plan eine Lokomotiveisenbahn von Helsinki nach der Stadt Hämeenlinna ins Auge faßte. Der Krim-Krieg (1853/56) vereitelte jedoch ähnliche Unternehmungen.

Als Alexander II. den Thron bestiegen hatte und Finnland besuchte, legte er in der Sitzung des Senats am 24. März 1856 ein Programm vor, *das Verkehrswesen derart zu verbessern, daß Kanäle und Eisenbahnen von dem Binnenland nach den Seehäfen und nach Sankt Petersburg gebaut werden.* Nun kam das Planen von Eisenbahnen wieder in Schwung und entflammte abermals den Streit zwischen Anhängern von Kanälen und Eisenbahnen. Besonders nachdrücklich verfocht der bekannte finnische Staatsmann J. V. Snellman die Eisenbahn. Auch wurde die Richtung der ersten Eisenbahn eifrig diskutiert. Neben der Bahn Helsinki—Hämeenlinna wurde auch die strategische Bahn Turku—Sankt Petersburg vorgeschlagen; diese Bahn hatte manche einflußreiche Fürsprecher. Die Frage löste am 4. März 1857 der kaiserliche Entschluß, eine Eisenbahn von Helsinki nach Hämeenlinna zu bauen und Untersuchungen über eine Bahn von Sankt Petersburg nach Viipuri und, wenn sie fertig wäre, von Viipuri nach Turku durchzuführen.

Als die erste Eisenbahn fertig war und sich auch im Winter als befahrbar erwies, hörte die Diskussion über Kanäle oder Eisenbahnen völlig auf. Die Eisenbahn hatte gesiegt. Doch bedachte noch jahrzehntelang jede Planung von Eisenbahnen, daß diese nicht Konkurrenten für den Schiffsverkehr würden; die Eisenbahnen sollten die Gewässer nur an geeigneten Hafenplätzen tangieren, sodaß ein zusammenhängendes Eisenbahn- und Wasserwegnetz gebildet würde.

Spurweite und Profil

Die erste Eisenbahn in Finnland hatte die russische Spurweite von 5 englischen Fuß (= 60 Zoll = 1524 mm). Hier sei erwähnt, daß Finnland erst 1887 zum Metersystem überging. Bis dahin wurden Fuß und Zoll verwendet und statt Kilometer die Werst (1 Kilometer = 0,9356 Werst, 1 Werst = 1,0688 Kilometer),

Die finnische Eisenbahngeschichte schweigt beinahe vollständig über die Gründe, warum diese russische Spurweite übernommen wurde. Offensichtlich wurde sie einerseits für selbstverständlich gehalten, weil Finnland der russischen Herrschaft unterstand, andererseits nahm sie auf eine kommende Verbindung mit den russischen Eisenbahnen Rücksicht. 1959 setzte die Eisenbahnverwaltung als Nennspurweite der Neubaustrecken 1520 mm statt der früheren 1524 mm fest.

Die Baukosten der Eisenbahn Helsinki—Hämeenlinna überstiegen den Voranschlag um etwa 63 %. Die Gründe dafür waren erstens die sowohl für die Bauleitung als für die Arbeiter ungewohnte Arbeit; zweitens wurde der Bahndamm gleich doppelspurig gebaut, obwohl in Wirklichkeit erst 95 Jahre nach Betriebsaufnahme die Doppelspur auf der ganzen Länge fertig wurde; und drittens leitete man im Interesse eines ununterbrochenen Verkehrs auch die winzigsten Wege über oder unter die Bahn, was beträchtliche Brückenkosten verursachte.

Wegen dieser hohen Baukosten und der Betriebsverluste während der ersten Jahre verhielt man sich gegenüber neuen Eisenbahnplänen recht zurückhaltend. Spätere Pläne strebten daher nach möglichst großer Sparsamkeit, die sich etwa in einspurigen Bahndämmen und in niveaugleichen Wegübergängen äußerte. Diese genügten während des Pferdeverkehrs; nur in Städten wurden in einigen Fällen Brücken gebaut. Spezielle Ersparnisse sollten statt breitspuriger Bahnen schmalspurige und also billigere Bahnen erzielen. Daraus folgte ein jahrzehntelanger Streit zwischen Befürwortern der schmalspurigen und breitspurigen Eisenbahnen. Darum war die zweite Eisenbahn Finnlands schmalspurig geplant. Diese Bahn führte von der Station Riihimäki (an der Bahn Helsinki—Hämeenlinna) über Viipuri zur Grenze und weiter in die Hauptstadt des Zarenreichs Sankt Petersburg (1914—1924 Petrograd, seit 1924

Leningrad). Doch billigte der Kaiser nicht diese Vorlage, sondern forderte realpolitisch eine breitspurige Bahn, denn die Russen mußten im Bedarfsfall die finnischen Eisenbahnen mit ihrem rollenden Material befahren können. Infolgedessen bekam Finnland ein Netz von breitspurigen Staatseisenbahnen, und die Schmalspur blieb einem Teil der Privatbahnen vorbehalten. Doch stritt man noch bis 1894 über die Spurweitenfrage; in diesem Jahr erlitten die Anhänger der schmalspurigen Staatseisenbahnen eine endgültige Niederlage.

Während die russischen Herrscher so Ersparnisse durch schmälere Spurweite verhinderten, lernten die Finnen zu sparen, indem sie den Oberbau wesentlich leichter gestalteten, als es im Normalfall in Rußland geschah, und ein Lichtraumprofil verwendeten, das enger war als das russische. Die Kosten derart gebauter Bahnen entsprachen fast denen für Schmalspurbahnen. Bei der Eisenbahn Tampere—Vaasa gelang es sogar, den Unterschied der Kosten, der zwischen dem schmalspurigen und dem in Finnland gebräuchlichen breitspurigen System bestand, auf etwa 9 % herabzudrücken. Diese allerbilligste Bahn kostete nur 49.000 finnische Mark pro Kilometer, während die Bahn Helsinki—Hämeenlinna 133.000 Mark pro Kilometer gekostet hatte. Als Folge dieser sparsamen Bauweise hätte das russische rollende Material wegen seiner Schwere und seines Profils trotz der gleichen Spurweite doch nicht die finnischen Bahnen befahren können. Diese Frage war im 19. Jahrhundert schließlich belanglos, weil zwischen den Bahnen dieser zwei Länder keine Verbindung bestand. In Sankt Petersburg endete die von Finnland kommende Bahn am Norduferder der Newa, während die russischen Eisenbahnen ihre Endstationen südlich des Flusses hatten. Es ist also zu beachten, daß auch die 32 km lange Strecke zwischen der finnisch-russischen Grenze (die Brücke über den Grenzfluß Rajajoki) und Sankt Petersburg den finnischen Staatseisenbahnen gehörte, obgleich sie auf russischem Boden lag. Juridisch genoß diese Bahn die gleiche Stellung wie eine russische Privateisenbahn.

Die Zeit Bobrikovs

Man sagt, daß die Russen vor den Zeiten Bobrikovs nicht viel Interesse an den Eisenbahnen Finnlands gezeigt hätten. Genau stimmt dies nicht, denn ihr Interesse begann in den neunziger Jahren des 19. Jahrhunderts zu entstehen, aber etwa bis 1890 durften die Finnen wirklich ihre Eisenbahnangelegenheiten relativ frei verwalten, wie die erwähnten Oberbau- und Profilfragen beweisen.

Als der Infanteriegeneral Nikolai Bobrikov (1839—1904) im August 1898 zum Generalgouverneur Finnlands ernannt wurde, begannen für dieses Land schwere Zeiten. Als überzeugter Nationalist hatte sich Bobrikov *die vollständige Verschmelzung Finnlands mit dem Zarenreich in jeder Hinsicht* zum Ziel gesetzt. Die *Jahre der Unterdrückung* (1899—1905) endeten mit dem russischen Generalstreik im Herbst 1905. Davor war Bobrikov von einem finnischen Patrioten im Juni 1904 erschossen worden.

Das zentrale Ziel der Eisenbahnpolitik Bobrikovs war eine Verkehrsverbindung zwischen Finnland und Rußland. In diesem Sinne trat er energisch für den Bau einer Verbindungsbahn ein, die in Sankt Petersburg über die Newa geführt werden sollte, und forderte einen Vorschlag, wie die Eisenbahnen Finnlands für den unbehinderten Verkehr von rollendem Material des Kaiserreichs einzurichten wären. Laut Antrag Bobrikovs beschloß der Kaiser im Mai 1899, daß die Verbindungsbahn notwendig sei. Die Finnen legten der Sache einen Hemmschuh unter, indem der Senat 1900 feststellte, daß die Verbindungsbahn dem Verkehr kaum zum Nutzen diene, und nach einem Kommissionsbericht vom März 1904 wäre die hauptsächliche Bedeutung der Bahn strategisch, sodaß ein unmittelbarer Bahnbau nicht erforderlich sei. 1905 gab der Landtag Finnlands untertänigst dem Kaiser kund, obgleich

Bron över Torne älv.

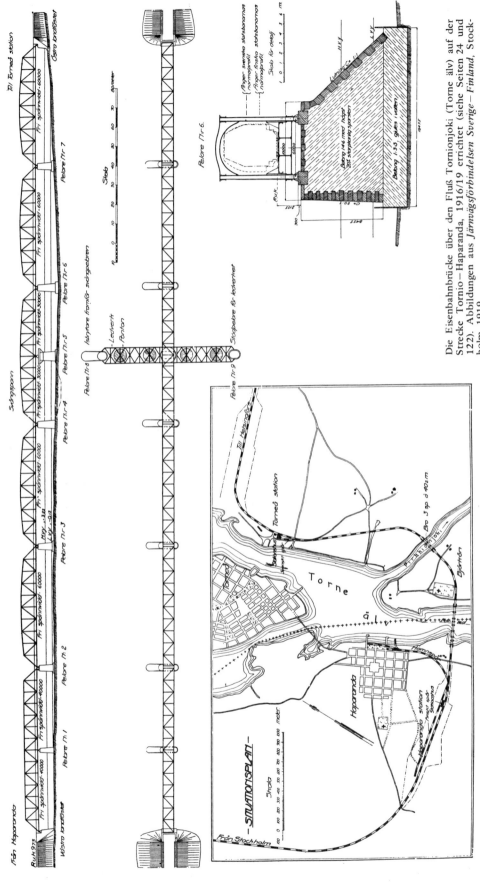

Die Eisenbahnbrücke über den Fluß Tornionjoki (Torne älv) auf der Strecke Tornio—Haparanda, 1916/19 errichtet (siehe Seiten 24 und 122). Abbildungen aus *Järnvägsförbindelsen Sverige—Finland*, Stockholm, 1919.

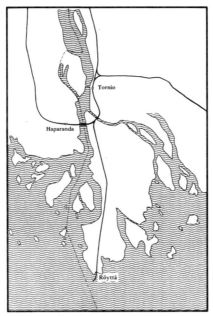

Die Bahnverbindung über die finnisch-
schwedische Grenze (·–·–·) nahe der
Mündung des Tornionjoki (Torne älv)
ins Meer.

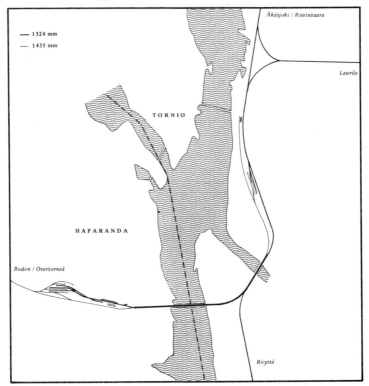

21

die Verbindungsbahn gebaut werde, sollte ein Durchgangsverkehr unter keinen Umständen angeordnet werden. Die Umladung in Sankt Petersburg wäre auch auf lange Sicht billiger als die Veränderung des Profils und der Umbau des Oberbaus aller finnischen Eisenbahnen.

Besonders entschlossen widersetzte sich Bobrikov der Erweiterung des Bahnnetzes in Westfinnland und in den an Schweden grenzenden Gebieten. In erster Linie müsse man die Bahnbautätigkeit im Regierungsbezirk Viipuri und teilweise im Regierungsbezirk Mikkeli entwickeln. Eine Folge davon war, daß der Kaiser den Beschluß zum Bau der Suupohja-Bahn (von Seinäjoki nach Kristiinankaupunki und Kaskinen) nicht genehmigte, was zum ersten Mal geschah. Mit all seiner Energie versuchte Bobrikov, den Bahnbau Oulu—Tornio zu verhindern. Nach seiner Ansicht durfte es nicht in der Nähe der schwedischen Grenze Eisenbahnen geben, damit der Feind nicht bei Kriegsausbruch mit ihrer Hilfe vordringen könnte. Da der Kaiser jedoch, schon bevor Bobrikov nach Finnland gesandt wurde, den Baubeschluß bestätigt hatte, konnte Bobrikov trotz seinen Bemühungen den Bahnbau nicht verhindern. Er konnte es niemals verzeihen, daß diese Bahn, von deren sowohl außen-, als innenpolitischer Schädlichkeit er überzeugt war, trotz seinen Protesten doch gebaut wurde.

Die neue Situation nach dem Jahre 1905

Vor dem russisch-japanischen Krieg 1904/05 war die Ostseeflotte Schutz der russischen Hauptstadt Sankt Petersburg, aber als sie im Fernen Osten vernichtet wurde, änderte sich die Situation. Nun blieb die Sicherheit der Hauptstadt lange Zeit fast ausschließlich den Landstreitkräften anvertraut. Finnland, früher ein abgelegenes Land, trat nun wegen seiner geographischen Lage auf ganz neue Weise ins Blickfeld. Eine feindliche Invasion durch Südfinnland nach Sankt Petersburg war zu befürchten — entweder eine Landung der Deutschen oder der Eintritt Schwedens auf der Seite von Rußlands Feinden, um das im Jahre 1809 verlorene Finnland zurückzuerobern. General Juri Danilov wies im April 1914 darauf hin, daß *infolge der russenfeindlichen Stimmung der Bevölkerung ein Angreifer ohne Sorge um seine Rückverbindungen die zu deren Sicherung erforderlichen Kräfte auf die kleinstmögliche Zahl beschränken* könne.

Diese neue Situation führte:
1. zum beschleunigten Bau der Verbindungsbahn in Sankt Petersburg,
2. zum Ersetzen des finnischen Profils durch das russische,
3. zum beschleunigten Bau der fehlenden Teilstrecken der strategischen Bahn Sankt Petersburg—Savonlinna—Jyväskylä—Vaasa und
4. zum Bau der Eisenbahn Terijoki—Koivisto.

zu 1: Der Bau der Verbindungsbahn in Sankt Petersburg, der Lieblingsgedanke Bobrikovs, begann nach langwierigen Auseinandersetzungen 1909. Die Arbeiten wurden beschleunigt durch die politische Situation in Finnland als Folge der Regierungskrise im Herbst 1909. Da die Russen eine offene Volkserhebung fürchteten, wollten sie vorerst jene Straßenbahnlinie benützen, die vom Nikolaibahnhof (dem heutigen Moskauer Bahnhof) über die Brücke von Litein zum Finnischen Bahnhof führte. Somit konnte man, falls bei Unruhen Aufständische das Rollmaterial der finnischen Bahnen aus Sankt Petersburg wegbrachten, russisches Material über die Newa transportieren und damit Truppen nach Finnland senden. 1910 wurde dieser Plan einer Straßenbahn-Eisenbahn verwirklicht und bis 1913 zum normalen Güterverkehr benützt. Im letztgenannten Jahr wurde nach vierzehnjährigem Planen und Bauen die 18 Werst lange Verbindungsbahn, die die Stadt an der Ostseite umringt, endlich fertig und der direkte Güterverkehr begann gemäß provisorischer Vereinbarung. Der eigentliche Vertrag über den Güterverbindungsverkehr wurde erst im Herbst 1914, als der Erste Weltkrieg bereits ausgebrochen war, unterzeichnet. Vor der Selbständigkeitserklärung Finnlands wurde kein Personenverkehr auf der Verbindungsbahn verwirklicht.

zu 2: Die Erörterung der Forderung Bobrikovs, daß das rollende Material des Kaiserreichs unbehindert auf den Bahnen Finnlands fahren sollte, ergab, daß, falls die Bahnsteige und Brücken der finnischen Bahnen in gewissem Grade geändert würden, darauf Güterwagen und dreiachsige Lokomotiven des Kaiserreichs fahren könnten, deren Achslast nicht mehr als 12 Tonnen und deren Höhe nicht mehr als 4,9 m betrage. Das Rollmaterial der finnischen Bahnen könnte nach geringfügigen technischen Änderungen völlig unbehindert auf den Bahnlinien des Kaiserreichs verkehren. Die Eile der Russen wurde ausschließlich von militärischen Gesichtspunkten bestimmt. Bezeichnend war, daß die Frage der Verwendung russischer Personenwagen auf den finnischen Bahnlinien ganz beiseitegelassen wurde, nachdem sie sich als schwer lösbar erwiesen hatte. Lediglich der ungehinderte Verkehr der für Militärzüge nötigen Güterwagen und der für diese nötigen Lokomotiven interessierte die Russen. Am 16. Juni 1910 mußte die finnische Eisenbahnverwaltung ein neues Profil festsetzen, das fortan allenNeubauten zugrundegelegt werden sollte. Die Umänderungen auf den alten Bahnen wurden eilig durchgeführt, sodaß vom 26. November 1911 an Güterwagen und leichte Lokomotiven des Kaiserreichs auf allen breitspurigen Staats- und Privatbahnen Finnlands fahren konnten, also bevor die Verbindungsbahn fertig war.

zu 3: Da die Bahn von Sankt Petersburg nach Viipuri nahe dem Finnischen Meerbusen verlief und durch Kriegsoperationen vom Meer her zu unterbrechen war, hielten die Russen eine Strecke von Sankt Petersburg durch Mittelfinnland an die Küste des Bottnischen Meerbusens für notwendig. Schon 1905 wurde der Plan einer Bahn Sankt Petersburg—Käkisalmi—Savonlinna—Jyväskylä—Vaasa vorgelegt. Der russischen militärischen Führung erschien vordringlich, die Strecke von Sankt Petersburg zur Bahn Viipuri—Sortavala zu bauen, wo später Hiitola zum Knotenpunkt bestimmt wurde. Von der genannten Bahn, von Elisenvaara, war die Bahn nach Savonlinna 1908 fertig geworden, und die Bahn Jyväskylä—Haapamäki—Seinäjoki—Vaasa war schon lange fertig. Es fehlten also die Strecken Sankt Petersburg—Grenze—Hiitola und Savonlinna—Jyväskylä. Am 27. Juli 1909 beschloß der russische Ministerrat, daß *in Zukunft keine anderen Linien in Finnland gebaut werden, bevor die Hauptstrecke Sankt Petersburg—Nikolaistadt fertig sei;* der Kaiser genehmigte den Beschluß. (Die Stadt Vaasa hieß 1855—1917 Nikolainkaupunki, also Nikolaistadt.) Die Bauarbeiten begannen auf der Strecke Hiitola—Rautu—Raasuli 1913 (die Russen bauten selbst die Strecke Sankt Petersburg—Raasuli auf russischem Territorium), zwischen Savonlinna und Pieksämäki 1911 und zwischen Pieksämäki und Jyväskylä 1913. Diese für die Russen äußerst wichtige Bahn zwecks Militärtransporte nach Vaasa, falls Schweden den Krieg gegen Rußland beginne und Truppen über den Bottnischen Meerbusen sende, wurde während der russischen Herrschaft nie fertig. Auf der Bahn Hiitola—Raasuli—Sankt Petersburg wurden die finnischen und die russischen Schienen an der Grenze am 24. Jänner 1917 aneinandergenagelt, aber die Kiesschüttung der Bahn war noch nicht fertig. Ein provisorischer Verkehr von Hiitola bis Rautu begann am 1. November 1917. Fünf Wochen später proklamierte Finnland seine Unabhängigkeit, und während des Krieges im Jahre 1918 wurde die größte Brücke dieser Bahnstrecke in Kiviniemi am 26. Jänner gesprengt. Die Bahnstrecke Savonlinna—Pieksämäki war 1914 fertig geworden. Die letzte Strecke Pieksämäki—Jyväskylä war beinahe fertig, als der Krieg des Jahres 1918 begann; einige Tage vorher waren die Schienen in die halbfertige Durchschneidung bei Leppälahti gelegt worden. Mit großer Mühe konnte der weiterhin rutschende Kiessandeinschnitt für Militärtransporte offengehalten werden. Die Eisenbahn Vaasa—Haapamäki—Pieksämäki—Elisenvaara war für die Weiße Armee eine lebenswichtige Verbindung zwischen den westlichen und östlichen Landesteilen. Es war eine Schicksalstücke, daß diese Bahn, der die

Russen als eine strategische Bahn nachgestrebt hatten, wirklich eine solche wurde, aber nicht ihnen, sondern ihrem Gegenpart zum Nutzen.

zu 4: Der Reichstag Finnlands hatte 1909 den Antrag angenommen, eine Bahn von Viipuri nach Koivisto zu bauen. Wegen des erwähnten Beschlusses, demzufolge die Bahn Sankt Petersburg—Vaasa erstrangig war, wurde der Plan beiseitegeschoben. 1912 begannen die Russen eine Bahn nach Koivisto zu planen, aber aus Richtung Sankt Petersburg; sie fürchteten eine feindliche Invasion in die strategisch wichtige Gegend von Koivisto. Am 29. April 1914 beschlossen die Russen den Bau einer Bahn von Terijoki nach Koivisto. Ihr eigenes Verbot konnten sie nun selbst umgehen, denn es handelte sich ja jetzt um eine für die Sicherheit der Hauptstadt nötige Militärbahn. Die Arbeiten begannen am 1. Juli 1914, kurz vor dem Ersten Weltkrieg, und die Bahn wurde 1916 fertig. Das Bauen dieser Bahn war ausschließlich eine russische strategische Angelegenheit, ohne daß der finnische Reichstag um seine Ansicht gefragt worden wäre. Nachdem Finnland selbständig geworden war, baute es laut Reichstagantrag vom Jahre 1909 in den Jahren 1923/25 eine Eisenbahn von Liimatta (bei Viipuri) nach Koivisto.

Der Erste Weltkrieg und der Verkehr zwischen Finnland und Schweden

Nach Kriegsausbruch 1914 stellte sich die Eisenbahnverbindung zwischen Finnland und Schweden, vor der Bobrikov solche Scheu gehabt hatte, als äußerst wichtig heraus. Die einzige offene Landverbindung von Rußland nach dem Westen ging ja über die Nachbarstädte Tornio (Finnland) und Haparanda (Schweden). Ein unaufhörlicher Verkehrsstrom überquerte den Grenzfluß Tornionjoki (Torne älv), zur Sommerzeit auf Booten und Fähren, im Winter mit Schlitten oder zu Fuß; für den Posttransport wurde sogar eine Seilbahn über den Fluß gebaut. Übrigens tauschte das Rote Kreuz im Kriegsverlauf auf Ersuchen Rußlands und der Mittelmächte über Tornio 65.509 verwundete oder kranke Kriegsgefangene aus.

Da das schwedische Netz bei Kriegsausbruch in Karungi am Westufer des Tornionjoki endete und die Bahn von Schwedisch-Karungi den Fluß entlang nach Harapanda erst in Bau war, forderte der russische Ministerrat die dringende Trassierung einer Eisenbahn von Tornio nach Finnisch-Karunki am Ostufer, von wo sie über den Fluß nach Schwedisch-Karungi fortzusetzn wäre. Dieser Anschluß scheiterte jedoch an der schwedischen Bürokratie. Darum konnte die Bahn nur bis Finnisch-Karunki verwirklicht werden, wo der Fluß auf gleiche Weise zu überqueren war wie bei Tornio.

Der Beschluß über die Vorarbeiten wurde am 4. November 1914 gefaßt, und am 13. November begann der Bau. Am 5. Jänner 1915 betriebsbereit, nahm die 27 km lange Bahn am 19. Jänner den Verkehr auf. Bei den Bauarbeiten waren Tag und Nacht, werktags wie sonntags bis 1900 Kräfte beschäftigt, darunter 400 Zimmerleute. Brücken und Durchlässe wurden aus Holz errichtet, Schwellen streckenweise auf dem bloßem Boden verlegt. Der Personenverkehr auf dieser provisorischen Bahn dauerte nicht lange. Als die schwedische Bahn bis Haparanda am 17. Juni 1915 den Probebetrieb aufnahm, wurde Tornio wieder Grenzübergang. Die Pläne einer Verbindung Tornio—Haparanda wurden mit den schwedischen Behörden erörtert und bis Dezember 1915 von einer finnisch-schwedisch-russischen Ingenieurkommission fertiggestellt. Der 1916 begonnene Bahnbau mit einer 405 m langen Brücke über den Grenzfluß fand allerdings erst seinen Abschluß, nachdem Finnland selbständig geworden und Rußland aus dem Weltkrieg ausgeschieden war. Die Bahn nahm am 1. April 1919 den provisorischen Verkehr auf.

Da nun Karunki nicht mehr Grenzstation war, beschränkte sich Tornio—Karunki auf lokalen Güterverkehr und sogar völlige Einstellung der Bahn drohte. Gemäß Reichstagsbeschluß von 1920 baute man diese Bahn jedoch 1921/25 um und setzte sie später abschnittsweise nach dem Norden fort, sodaß heute Rautuvaara, 201 km von Tornio, den Endpunkt der Bahn und zugleich den nördlichsten Punkt des finnischen Bahnnetzes bildet.

Finnland wird selbständig

Nachdem Finnland im Dezember 1917 seine Selbständigkeit proklamiert und der Krieg des Jahres 1918 sein Ende gefunden hatte, führte Sowjetrußland den Betrieb auf der Bahnstrecke von der Staatsgrenze nach Petrograd (Sankt Petersburg). Juridisch gehörte diese Bahn jedoch weiterhin den finnischen Staatseisenbahnen. Erst mit dem Frieden von Tartu (Dorpat) von 1920 ging die Strecke von der Rajajoki-Brücke bis Petrograd auch juridisch an Sowjetrußland über. Für das finnische Bahnwesen bedeute der Wegfall dieser Strecke eine beachtliche Erleichterung, Der Bahnhof in der russischen Hauptstadt war in Bezug auf Personenverkehr der größte der finnischen Staatseisenbahnen, und die wachsenden nördlichen Vorstädte, durch welche die Bahn führte, wie auch der zunehmende Lokalverkehr, stellten immer neue Forderungen an Rollmaterial und Fahrpläne. Alles dies erforderte große Investitionen, die vom Standpunkt Finnlands aus zweckmäßiger dem Ausbau des eigenen Bahnnetzes zugute hätte kommen sollen. Der Krieg von 1918 schadete den Bahnanlagen, vor allem durch Sprengen von Brücken und Niederbrennen von Bahnhofsgebäuden, beträchtlich. Als der Wiederaufbau begann, liebäugelten manche mit dem Gedanken, von der Breitspur auf die Normalspur überzugehen und das Rollmaterial an Rußland zu verkaufen, dessen Fahrpark in den Wirren des Weltkriegs und der Revolution schwer gelitten hatte. Die Tendenz nach mitteleuropäischer Normalspur mag darauf zurückzuführen sein, daß Finnland Königsreich und ein deutscher Prinz sein Monarch werden sollte. Unter diesen Umständen wären Zugfähren zwecks unmittelbarer Verbindung zwischen Deutschland und Finnland mit gleicher Spurweite vorteilhaft gewesen. Nachdem Deutschland zusammengebrochen war, scheiterten jedoch die monarchistischen Pläne und Finnland wurde 1919 Republik. Die Trajektprojekte wurden auf fünf Dezennien begraben und auch die Diskussionen über Normalspur eingestellt. Die in den Jahren 1919 und 1921 in Deutschland für die finnischen Staatseisenbahnen gebauten Lokomotiven wären allerdings leicht auf Normalspur umzubauen gewesen. Zum Glück für Finnland scheiterten alle Pläne, die Spurweite zu ändern. Während der Kriegsoperationen 1939/44 und bezüglich der Kriegsentschädigungslieferungen danach hätte nämlich eine verschiedene Spurweite in Finnland und in der Sowjetunion einen schwerwiegenden Nachteil bedeutet.

Bahnbauten während des Zweiten Weltkriegs

Zu Ende des Winterkriegs am 13. März 1940 bestimmte der Friedensvertrag, daß von Kandalakscha (an der Murman- oder Kirow-Bahn von Leningrad nach Murmansk) eine Eisenbahn nach Kemijärvi in Finnland gebaut werden sollte, die nördlich vom Polarkreis die Eisenbahnnetze der beiden Länder verbände. Die Sowjetunion war mit ihrem Teil der Bahn zur neuen Ostgrenze Finnlands schon im Februar 1941 fertig, aber auf der finnischen Seite hinkten die Arbeiten nach. Spezielle Schwierigkeiten brachte der große Brückenbau über den Kemijoki in Kemijärvi. Im Winter 1940/41 verkehrten die Arbeitszüge vier Monate lang über einen auf das Eis des zugefrorenen Flusses gelegten Schienenstrang. Während dieser Zeit wurden die zum Bahnbau nötigen Lokomotiven und Wagen auf die Ostseite des Flusses befördert. Im Mai 1941 erreichte das Gleis zwar die Grenze, die Kemijoki-Brücke war aber noch nicht fertig. Einen Monat später begann wieder der Krieg. Die Pioniere bauten schnell eine interimistische Holzbrücke, sodaß Militärtransporte am 3. Juli 1941 beginnen konnten. Diese Bahn spielte eine wichtige Rolle für die Versorgung der Truppen an der Nordfront — und doch war sie bei weitem nicht fertig. Man könnte fast behaupten, daß diese Bahn zuerst dem Verkehr übergeben und erst danach gebaut wurde. Fertig wurde sie im September 1944. Da der Krieg in demselben Monat endete und bald der letzte Militärzug westwärts über die Grenze rollte, blieb die Strecke vom östlichsten finnischen Bahnhof Kelloselkä zur Grenze ohne Verkehr und ohne Wartung. Heute sind die Schienen verrostet und die Schwellen verfault, und auf dieser Bahn, die im Jahre 1940 für die Sowjetunion so wichtig war, ist während der dreißig Friedensjahre kein einziger Zug über die Grenze gefahren.

Als die finnischen Truppen im Sommer 1941 das als Folge des Winterkriegs verlorene Grenzkarelien zurückeroberten und in das sowjetische Ostkarelien eindrangen, stellten sie zu ihrer Verblüffung fest, daß eine nach dem Winterkrieg erbaute neue Bahn das grenzkarelische und ostkarelische Netz verknüpfte. Diese erstrangige Militärbahn von Suojärvi nach der sowjetkarelischen Hauptstadt Petroskoi (russisch Petrosawodsk; unter finnischer Besetzung Äänislinna) besorgte 1941/44 den größten Teil der Transporte nach und von den besetzten sowjetischen Gebieten. Die finnischen Truppen verwendeten auch den von ihnen besetzten beträchtlichen Teil der Murmanbahn für ihre Zwecke. Die Verkehrslänge der sowjetischen Eisenbahnen unter finnischer Verwaltung betrug insgesamt 443 km.

In den Jahren 1942/43 bauten die Finnen eine 111 km lange Eisenbahn von Uuksu, dem Endpunkt des grenzkarelischen Bahnnetzes am Nordostufer des Ladogasees, zur Grenze von 1939 und weiter in die sowjetkarelische Landschaft Olonetz (finnisch Aunus) mit Megrega (finnisch Mäkriä) als Endpunkt. Diese Bahn wurde in der Rekordzeit von 8 1/2 Monaten von 3500 bis 4000 Mann erbaut. Vergleichsweise betrug in den Jahren 1921–1935 die durchschnittliche Zahl der Bauarbeiter pro Bauprojekt 568. Der Bau der 32 km langen Strecke von Uuksu zum Kirchdorf Salmi wurde dadurch erleichtert, daß diese Strecke im Sommer 1939 schon maschinell untersucht worden war.

In Nordfinnland und Lappland errichteten die dort stationierten deutschen Truppen 1942/44 von Hyrynsalmi über Isokumpu (in Taivalkoski) nach Särkikangas (in Kuusamo) eine 178 km lange Schmalspurbahn für Versorgungszwecke. Diese Bahn sollte über die Ostgrenze Finnlands zur Front führen, nach Kestjenga (finnisch Kiestinki) und Uchta (finnisch Uhtua), aber mit Kriegsende scheiterten diese Pläne. Die Bahn wurde sofort nach dem Krieg abgerissen. Der 81 km lange Teil des Bahndamms zwischen Hyrynsalmi und Korvua brachte großen Nutzen, als die Breitspurbahn Hyrynsalmi–Korvua–Taivalkoski gebaut wurde.

Verwüstung Nordfinnlands und Lapplands 1944 und Eis-Eisenbahnen in Lappland

Während der Kriege von 1939/40 und 1941/44 verursachten feindliche Luftangriffe große Schäden an den Eisenbahnen, besonders in den Knotenpunkten; an den Kriegsschauplätzen erlitten natürlich beiderseits Bahnanlagen und Rollmaterial Zerstörungen. Die größten Schäden entstanden allerdings im Herbst 1944 in Nordfinnland und Lappland. Als die Finnen zufolge der Bestimmungen des provisorischen Friedensvertrages begannen, die deutschen Truppen aus dem Land zu treiben, zerstörten diese das Bahnnetz nördlich des Oulujoki unglaublich. Dabei wurden 128 Brücken — mit einer Gesamtlänge von beinahe 4 km — und 60 Durchlässe gesprengt sowie 182 Weichen und 171 km Strecke zerstört; auf 526 km mußte aller Verkehr eingestellt werden. Von diesen verheerten Strecken konnten 1944 62 km, 1945 333 km, 1946 35 km, 1947 86 km und 1951 10 km wiedereröffnet werden. Als die vorläufige Wiederherstellung 1947 endete, gab es noch viele unreparierte Brücken, bei denen provisorische Holzbrücken den Verkehr vermittelten. Die meisten bedeutenden Brücken wurden 1951 fertig, aber erst mit 1954 kann man den Wiederaufbau des Netzes als beendet betrachten. Die Vollendung einiger Bahnhofsgebäude und anderer Anlagen dauerte bis zum Jahre 1957.

Von den zersprengten Brücken waren besonders bemerkenswert die fünf Brücken über den größten Fluß Finnlands, den Kemijoki. In Kemi, zwischen Lautiosaari und Laurila, betrug die Gesamtlänge von zwei Brücken 380 m, in Rovaniemi die Gesamtlänge von zwei Brücken 515 m und in Kemijärvi die Länge einer Brücke 308 m. Die Brücken in Rovaniemi und Kemijärvi entstanden an den alten Stellen wieder. In Kemi dagegen wurde an der Flußmündung ein Kraftwerk errichtet und Bahn sowie Landstraße über den Staudamm bzw. über den Oberwasserkanal auf einer kurzen Brücke geführt. In Kemi war die Bahnverbindung über den Fluß infolge der Sprengung der Brücke am 8. Oktober 1944 bis zum 4. Juli 1945 unterbrochen, als der Verkehr über eine 1078 m lange interimistische Holzbrücke begann. Während der Unterbrechung bedienten sich die Eisenbahnen auf der Westseite des Flusses des Rollmaterials, das dort verblieben war, sowie jener Lokomotiven und Personenwagen, die zur Winterzeit über das Eis des gefrorenen Flusses befördert wurden. Die Eisenbahn auf dem Damm wurde am 30. April 1946 dem Verkehr übergeben.

In Rovaniemi überquert die Eisenbahn zweimal den Fluß; zwischen diesen Brücken mündet in den Kemijoki sein größter Nebenfluß, der Ounasjoki. Bevor die Brücken wiedererbaut waren, benützte der Verkehr über den Ounasjoki zunächst eine Eisenbahn auf dem Eis, die am 11. Februar 1946 in Gebrauch genommen wurde. Nach dem Eisgang und der Frühlingsflut wurde über den Ounasjoki eine provisorische, 844 und 105 m lange Holzbrücke gebaut, wobei Holzteile der abgerissenen Brücke in Kemi Benützung fanden. Über diese Brücke lief sodann der Bahnverkehr vom 21. Juli 1946 bis zum 26. April 1951. Erst dann wurden die neuen Kemijoki-Brücken fertiggebaut. Während dieser fünf Jahre mußte der Verkehr beim Anbrechen des Frühlings eingestellt und ein Teil der Brücke wegen des Eisgangs und der Frühlingsflut abgebrochen werden; die Verkehrspause dauerte durchschnittlich 42 Tage.

In Kemijärvi befuhren, wie erwähnt, im Winter 1940/41 Arbeitszüge des Bahnbaus Kemijärvi—Kelloselkä die Trasse über das Eis. Als die 1942 fertig gewordene Kemijoki-Brücke 1944 gesprengt worden war und der Bau einer Behelfsbrücke nicht in Betracht kam, wurde die Strecke östlich des Flusses mit Rollmaterial befahren, das dort verblieben war. Über den Fluß führte eine Fähre Waren und Personen. Nur im Winter verkehrten Züge über das Eis. Im April 1946 fuhr der Bauzug über den Fluß und während der folgenden fünf Winter dauerte der Verkehr durchschnittlich 96 Tage; er begann frühestens am 28. Dezember und endete spätestens am 23. April. Auf dem Eis, das mindestens 80 cm stark sein mußte und noch mit Reisig verstärkt wurde, lagen auf einer Strecke von 1200 m Schienen. Diese Eiseisenbahn wurde mit Lokomotiven der Serien Sk 2 und Sk 3 mit etwa 60 Tonnen Gewicht befahren. Bei Frühlingsbeginn zwang aufsteigendes Wasser die Züge, in einer Wasserrinne über dem Eis auf unsichtbaren Schienen zu fahren. Während dieser Jahre benützten — vom Personenverkehr und Bahnbauverkehr abgesehen — etwa 15.000 beladene Güterwagen die Eistrasse. Am 24. August 1951 wurde die neue Eisenbahnbrücke dem Verkehr übergeben.

Außer diesen Eisenbahnen über das Eis des Kemijoki in den vierziger Jahren hatte man bereits im Winter 1916 eine Eisenbahn über das Eis des Tornionjoki von Finnland nach Schweden für einen einzigen Transport gelegt. Die Salonwagen der russischen Kaiserinmutter, die bei Kriegsausbruch in Berlin steckengeblieben waren, kamen nun durch Schweden und Finnland nach Rußland zurück. Übrigens gibt es in Finnland kombinierte Eisenbahn- und Straßenbrücken entweder in zwei Stufen, wobei sich die Eisenbahn in der oberen und die Fahrbahn in der unteren Stufe befindet (z. B. die Ounaskoski-Brücke in Rovaniemi), oder in einer Stufe, wobei die Eisenbahnschienen in den Bohlenbeschlag der Fahrbahn in gleicher Weise eingesenkt sind wie die Straßenbahnschienen in die Straße (z. B. die Suutarinkorva-Brücke in Rovaniemi).

Die Zeit nach dem Zweiten Weltkrieg

In den letzten Jahrzehnten baute Finnland hauptsächlich Industriebahnen (z. B. nach Säynätsalo oder zu neuen Bergwerken), Verkürzungsbahnen (z. B. verkürzt die neue Bahn Tampere—Parkano—Seinäjoki die Entfernung zwischen Süd- und Nordfinnland um 73 km im Vergleich zur alten Bahn Tampere—Haapamäki—Seinäjoki) und jene Bahnen in Ostfinnland, die das von der neuen Grenze zerschnittene Bahnnetz komplettieren. Um höhere Geschwindigkeiten zu ermöglichen, erneuerte man, stellenweise mittels Tunnelbauten, die alten Bahnen zu einem beträchtlichen Teil. Dank der Landesnatur brauchte man früher kaum Tunnel; so entstanden in 50 Jahren nur zwei sehr kurze Tunnel. Nach 1945 förderten Tunnel teils den Umbau alter Bahnen, teils in moderner Bautechnik errichtete neue Strecken, die nicht mehr wie früher Berge scheuen und sie in Windungen umgehen. 1973 gab es in Finnland 20 Tunnel auf Bahnen allgemeinen Verkehrs und 9 fertige, halbfertige oder geplante Tunnel auf Bahnen in Bau oder Umbau. Ihre Gesamtlänge läßt sich natürlich mit den Bahnen in Alpenländern nicht vergleichen. Etwa 58 % des finnischen Bahnnetzes liegen in Höhen unter 100 m, etwa 40 % zwischen 100 und 200 m und nur etwa 2 % höher als 200 m. Den höchsten Punkt erreicht die Bahn Kontiomäki—Taivalkoski am Mäkilamminvaara mit 293,5 m. Eine beträchtliche Steigungsstrecke ist zwischen den Bahnhöfen Pitkälahti und Kurkimäki in der Nähe von Kuopio zu überwinden: auf 9,5 km Entfernung beträgt der Höhenunterschied 75,7 m.

Finnland unterscheidet sich in zwei Hinsichten von den meisten europäischen Ländern. Erstens baut es immer neue Eisenbahnen. Wohl ist der Personenverkehr auf diesen neuen Bahnen — falls sie nicht Verkürzungsbahnen für den Fernverkehr sind — meist minimal und viele neue Bahnen betreiben überhaupt nur Güterverkehr. Zweitens legt Finnland seine Breitspurbahnen nicht still: alle Bahnen, deren Personenverkehr eingestellt ist, halten den Güterverkehr aufrecht. (Einige Ausnahmen — ganz kurze Strecken von lokaler Bedeutung, die zerrissen sind — bestätigen nur die Regel.)

Zweigleisige Strecken

Den Bau von Doppelgleisen begannen die finnischen Staatseisenbahnen außerhalb der Landesgrenzen, nämlich wegen des lebhaften Nahverkehrs der Großstadt von Sankt Petersburg aus. 1877—1903 wurde das Doppelgleis von Sankt Petersburg bis Viipuri gebaut. Das selbständige Finnland entfernte auf der 96 km langen Bahn von Viipuri zur Grenze das Doppelgleis auf der 52 km langen Strecke Sykjärvi—Grenze.

Von Helsinki aus entstand 1898—1910 ein Doppelgleis bis Riihimäki. Während des Ersten Weltkriegs waren Doppelgleisarbeiten zwischen Riihimäki und Viipuri im Gang, weil der Transitverkehr zwischen Rußland und Schweden rege war. Von der 242 km langen Bahn erhielten 59 km ein zweites Gleis und nach dem Krieg noch weitere 7 km. Nach dem Zweiten Weltkrieg wurde von einer 25 km langen Strecke das Doppelgleis entfernt und als Kriegsentschädigung der Sowjetunion übergeben. Das gleiche geschah mit 14 km Doppelgleis der Bahn von Helsinki westwärts, wo 1911/20 die Strecke bis Espoo mit Doppelgleis versehen worden war.

Ab 1947 wurden Doppelgleise wieder energisch gelegt. Ende 1973 waren (siehe Karte) folgende Strecken zweispurig: Helsinki—Kirkkonummi (38 km), Helsinki—Riihimäki—Tampere—Orivesi (229 km), Riihimäki—Kouvola—Luumäki (179 km) und Kouvola—Inkeroinen (21 km). Im Bau befanden sich die kurzen Strecken Tampere—Lielahti (6 km) und Huopalahti—Martinlaakso (8 km), letztere eine ausschließlich für den Personenverkehr bestimmte Vorortsbahn von Helsinki. Der stark wachsende Nahverkehr Helsinkis erforderte in den letzten Jahren die Verlegung eines dritten Gleises zwischen Helsinki und Hiekkaharju (17 km). Die Strecke von Helsinki nach Kerava (29 km) soll in der Zukunft insgesamt vier Gleise bekommen.

Elektrifizierung

Elektrifizierte Eisenbahnen gab es in Finnland seit Ende des vorigen Jahrhunderts, und zwar kurze schmalspurige Privatbahnen, die hauptsächlich die Industrie bedienten (manche hatten auch Personenverkehr), aber auch eine Breitspurstrecke eines Sägewerks in Mikkeli.

Obgleich die Elektrifizierung der finnischen Staatseisenbahnen erst in den sechziger Jahren begann, bestanden Projekte schon zu Beginn unseres Jahrhunderts. 1904 schlug Finnlands Technischer Verein dem Senat vor zu untersuchen, wie und in welchem Umfang sich die Torfmoore Finnlands für die Eisenbahntraktion nutzen ließen. Der daraufhin eingesetzte Ausschuß für elektrischen Eisenbahnverkehr stellte in seinem Gutachten vom Dezember 1907 fest, daß die Elektrifizierung der untersuchten Linie Helsinki—Sankt Petersburg sogar in nächster Zukunft möglich sei. Da die Natur Finnland zwar nicht mit Kohlenlagerstätten, aber reichlich mit Wasserkraft ausgestattet hat, sollte man zu einer anderen, billigeren Traktionsart übergehen.

Ende 1909 waren die Elektrifizierungsvorschläge für die Bahn Viipuri—Sankt Petersburg fertig. 1910 begannen die Russen auf Anregung des Kriegsministeriums eine elektrische Bahn von Sankt Petersburg nach Imatra zu planen, die Sankt Petersburg mit Antrea verbinden sollte. Die finnische Staatseisenbahn von Antrea nach Imatra wollte man ankaufen und ebenfalls elektrifizieren sowie einen Anschluß nach Käkisalmi bauen. Imatra und die anderen Wasserfälle des Vuoksi-Flusses hätten die nötige Energie erzeugt. Diese privaten Bahnpläne scheiterten, sobald der Bau der Staatseisenbahn Sankt Petersburg—Hiitola beschlossen wurde, da es kaum sinnvoll war, auf der russischen Seite der Grenze zwei parallele Bahnen zu bauen, obzwar eine gemeinsame Bahn von Sankt Petersburg zur finnischen Grenze sowohl für die Dampflokomotiven der Staatseisenbahnen als auch für die elektrischen Lokomotiven der Privatbahngesellschaft allen Ernstes erwogen wurde.

In der zweiten Hälfte der zwanziger Jahre nahmen die Staatseisenbahnen die Elektrifizierungspläne wieder auf und untersuchten in den dreißiger Jahren speziell die Möglichkeiten, Bahnen in der Umgebung von Viipuri zu elektrifizieren. Der Zweite Weltkrieg unterbrach die Pläne und machte die Sache erst über 15 Jahre später wieder aktuell. 1956 beschloß die Bahnverwaltung, mit Hilfe der Arbeitsgemeinschaft für Planung und Durchführung von 50 Hz-Bahnelektrifizierungen, einer von den größten europäischen elektrotechnischen Fabriken gegründeten gemeinsamen Instanz, den Umfang eines derartigen Vorhabens zusammenzustellen. Die Kosten- und Rentabilitätsberechnungen von 1958 ergaben, daß die Elektrifizierung auf dem rund 1000 km langen, meistfrequentierten Teil des Bahnnetzes rentabel wäre. Die Elektrifizierung sollte in vier Phasen durchgeführt werden:
1. Helsinki—Riihimäki und Helsinki—Kirkkonummi
2. Riihimäki—Kouvola—Kotka, Inkeroinen—Hamina und Riihimäki—Tampere
3. Kouvola—Pieksämäki und Kouvola—Imatra
4. Tampere—Haapamäki—Seinäjoki.
Im Mai 1959 schlug die Eisenbahnverwaltung dem Verkehrsministerium vor, daß die Elek-

trifizierungsarbeiten für 25 kV 50 Hz neben der Inbetriebnahme von Dieselzugkraft beginnen sollten. Demgemäß sah die Regierung im Budgetvoranschlag für 1960 den Beginn der Elektrifizierung vor. Der Reichstag bewilligte dies jedoch nicht, sondern forderte ergänzende Untersuchungen. Ein daraufhin eingesetzter Ausschuß mußte mit Gutachten vom August 1961 nochmals betonen, daß die Elektrizität aus heimischer Wasserkraft unabhängig von Krisen ist. Es sei nötig, der heimischen, aufstrebenden Industrie mit der Elektrifizierung und den damit verbundenen Wartungs- und Ergänzungsarbeiten einen neuen, weiten Wirkungsbereich zu erschließen. Die Entwicklung eines neuen technischen Zweigs würde die Metallindustrie des Landes fortwährend beschäftigen und neue Exportmöglichkeiten schaffen. Die Erfolge der finnischen Metallindustrie auf dem Weltmarkt berechtigen tatsächlich zu den besten Hoffnungen.

Die Regierung befürwortete im November 1962 die Elektrifizierung und der erste Posten dafür wurde im Budget 1963 bewilligt. Die Arbeiten begannen in vollem Umfang im Jahre 1965. 1966 wurden die ersten 30 heimischen Motorwageneinheiten von Valmet bestellt. Die Beschaffung von elektrischen Lokomotiven wurde allerdings etwas kompliziert. Der Reichstag hatte 1962 beschlossen, die Lokomotiven aus dem Inland zu bestellen. In der Folge führte diese Frage dennoch zu einem eigenartigen politischen Schauspiel in Regierung und Reichstag. Unter politischem Druck mußte der Reichstag von seinem früheren Beschluß zurücktreten und 1968 der Regierung die Befugnis geben, die elektrischen Lokomotiven auch aus dem Ausland zu beziehen. 1970 bestellte die Regierung nach mannigfaltigen Verhandlungen die ersten 27 Lokomotiven von der Sowjetunion und im Sommer 1973 weitere 10.

Die Baupläne änderten sich, nachdem die Bahnverwaltung im Jänner 1970 vorgeschlagen hatte, in der zweiten Bauphase Riihimäki—Tampere—Parkano—Seinäjoki zu elektrifizieren; dieser Vorschlag, der zugleich bedeutete, daß die Elektrifizierung der Bahn Tampere—Haapamäki—Seinäjoki wegfällt, wurde akzeptiert. Der elektrische Verkehr zwischen Helsinki und Kirkkonummi begann am 26. Jänner 1969. Auf der Bahn von Helsinki nordwärts begann der Verkehr am 1. September 1970 nach Hiekkaharju, am 1. Dezember 1970 nach Kerava und am 31. Jänner 1972 nach Riihimäki. Die Elektrifizierung Riihimäki—Tampere—Parkano—Seinäjoki wurde ebenfalls fertiggestellt und der Verkehr 1975 aufgenommen. 1978 werden die Strecken Riihimäki—Kouvola—Luumäki—Vainikkala und Luumäki—Imatra elektrifiziert sein.

Finnisch-sowjetischer Transitverkehr

Die Pachtabkommen für 1940/41 über den Stützpunkt Hanko und für 1944—1956 über den Stützpunkt Porkkala garantierten sowjetischen Zügen Transitfreiheit: nach Hanko fuhren die Züge ab Staatsgrenze über Vainikkala—Riihimäki—Hyvinkää—Karjaa—Tammisaari, nach Porkkala über Vainikkala—Riihimäki—Pasila (Güterzüge) oder Helsinki (Personenwagen in finnischen Zügen)—Kauklahti.

Da das Pachtgebiet Porkkala die Hauptbahn Helsinki—Turku durchschnitt, was zur Umleitung der Züge über Hyvinkää—Lohja zwang, trafen die finnischen und sowjetischen Behörden 1947 eine Vereinbarung über den Personentransitverkehr. Zwischen Kauklahti und Tähtelä (41 km) zogen sowjetische Lokomotiven *Korridorzüge* finnischer Personen- und Gepäckwagen mit verschlossenen Fensterladen und verriegelten Ausgangstüren ('der längste Tunnel in Finnland'). Güterwagen und Güterzüge durften diesen Weg nicht benützen. Der Verkehr dauerte von November 1947 bis Jänner 1956, als das Gebiet an Finnland zurückfiel.

Im Winter 1955/56 fuhren finnische Güterzüge versuchsweise mit finnischen Lokomotiven von Joensuu nach Parikkala durch die an die Sowjetunion abgetretenen Gebiete über Sortavala

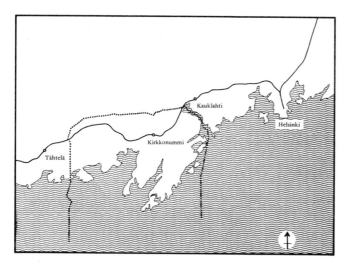

Kauklahti

Helsinki

Kirkkonummi

Tähtelä

DAS SOWJETISCHE PACHTGEBIET PORKKALA

Die Halbinsel Porkkala (Porkkalanniemi), mit dem gleichnamigen Ort auf der Südspitze, ist die am weitesten ins Meer vorstoßende Landzunge südöstlich von Kirkkonummi. Deutschsprachige Medien verwendeten häufig die schwedische Bezeichnung der Halbinsel: Porkala udd. Wie die Waggons auf der Fahrt durch das 350 km² große Pachtgebiet aussahen, zeigt das Foto auf Seite 120 unten.

und Elisenvaara. Nach diesen kurzlebigen Experimenten wurden die Pläne einer neuen Bahn Parikkala—Säkäniemi beschleunigt, um die Joensuu-Gegend direkt mit Südost- und Südfinnland zu verbinden.

Der internationale Verbindungsverkehr

A. Nach dem Osten

An der Bahn von Helsinki nach Sankt Petersburg/Petrograd/Leningrad verlief die finnisch-russische/sowjetische Grenze bis 1939 entlang dem Rajajoki (der Name bedeutet Grenzfluß). Während der russischen Herrschaft diente der Bahnhof Beloostrow (finnisch Valkeasaari) auf der Ostseite des Flusses als gemeinsamer Grenzbahnhof. Nachdem Finnland selbständig geworden war, wurde auf der Westseite der neue Bahnhof Rajajoki errichtet, der bis 1939 der finnische Grenzbahnhof war. Die finnischen Lokomotiven zogen die Finnland verlassenden Züge bis Beloostrow, die sowjetischen Lokomotiven brachten die nach Finnland kommenden Züge bis Rajajoki. Von 1926 an verkehrten wie während der russischen Herrschaft wieder finnische Schlafwagen zwischen Helsinki und Leningrad.

Die Bahn Sankt Petersburg—Raasuli—Hiitola wurde, wie erwähnt, nie für den Verbindungsverkehr fertig. Da heute diese Gegenden zur Sowjetunion gehören, ist die elektrifizierte Strecke von Leningrad nach Priorsersk (früher Käkisalmi) eine wichtige Vorortsbahn für Leningrad.

1944 schnitt die neue Grenze in Südostfinnland an fünf Stellen das Eisenbahnnetz ab:

1. An der Bahn Helsinki—Leningrad wurde Vainikkala der neue finnische Grenzbahnhof. Die sowjetischen Lokomotiven besorgen den Verkehr zwischen Vainikkala und der Grenze. Nunmehr wird der grenzüberschreitende Verkehr ausschließlich mit sowjetischen Wagen betrieben; bis 1958 wurden auch finnische Güterwagen gebraucht. Der Personenverkehr über die Grenze, den die Kriege abgebrochen hatten, begann wieder 1953 mit sowjetischen Schlafwagen, die derzeit in den Relationen Helsinki—Moskau, Helsinki—Leningrad und Turku Hafen—Moskau verkehren. 1958 liefen für kurze Zeit finnische Schlafwagen auf der Linie Helsinki—Leningrad. Von den finnischen Personenwagen sind die Salonwagen des Reichspräsidenten und der Regierung die einzigen, die nach dem Krieg nach Moskau kamen. Außerdem wurde ein moderner Schlafwagen einmal in Moskau den sowjetischen Eisenbahnbehörden vorgeführt.

2. An der Bahn Imatra—Viipuri ist Imatrankoski der finnische Grenzbahnhof. Der Verkehr beschränkt sich hauptsächlich auf Güterverkehr von lokalem Charakter über die 7 km lange

Strecke Imatrankoski—Swetogorsk (früher Enso), wo die Finnen auf Bestellung Fabriken für die Sowjetunion bauen. Sowjetische Lokomotiven besorgen den Verkehr; ein Teil der Züge besteht einzig aus finnischen Wagen.

3. Auf der Bahn Imatra—Elisenvaara wurde die Strecke zwischen dem Bahnhof Simpele und der neuen Grenze aufgelassen. Eine neue Eisenbahn Simpele—Parikkala, die zum Teil in unmittelbarer Nähe der Grenzlinie verläuft (photographieren in Richtung Sowjetunion verboten!), ersetzt nunmehr die abgebrochene Verbindung Simpele—Elisenvaara—Parikkala.

4. Die Bahn Savonlinna—Elisenvaara unterhielt bis 1958 Verbindungsverkehr mit Güterzügen über die Grenze. Die Bahn von Parikkala zur Grenze wird fortan instandgehalten.

5. Auf der Bahn Joensuu—Sortavala—Viipuri ist Niirala der finnische Grenzbahnhof. Zwischen Niirala und dem sowjetischen Grenzbahnhof besorgen finnische oder sowjetische Lokomotiven den Verkehr, der nur aus Güterzügen besteht.

Die Lapplandbahn Kemijärvi—Kelloselkä—Kandalakscha diente, wie erwähnt, nie dem internationalen Verkehr. Sowjetische Atlanten lassen den Anschluß nach Kandalakscha erst in Alakurtti beginnen.

Somit gab es 1973 für den Personenverkehr über die Ostgrenze Finnlands einen Grenzbahnhof (Vainikkala) und für den Güterverkehr drei: Vainikkala und Niirala für allgemeinen[1] und Imatrankoski für lokalen Güterverkehr. 1974—1977 wird in Nordfinnland eine neue grenzüberschreitende Erztransportbahn gebaut, bei deren sowjetischem Endpunkt Kostamukscha (finnisch Kostamus) 1946 eine Erzlagerstätte gefunden wurde. Gemäß Vereinbarung mit der Sowjetunion baut Finnland dort hauptsächlich eine Förder- und Anreicherungsanlage, eine Eisenbahn und eine Landstraße von Finnland her sowie die Erzstadt Kostamukscha in den sowjetkarelischen Einöden, zuerst für 10.000 und später für 35.000 bis 40.000 Einwohner. Die Bahn beginnt im finnischen Knotenpunkt Kontiomäki, läuft 94 km durch Wälder und Sümpfe zur Grenze, wo Kiimavaara finnische und Priosernaja sowjetische Grenzstation sein wird, und weiter 37 km zum Bahnhof der Erzstadt. Soweit bekannt, wird Kostamukscha auch mit dem sowjetischen Bahnnetz verknüpft. Ab 1978 liefert das Bergwerk jährlich 8 Millionen Tonnen Erz, von denen 1,0—1,2 Millionen Tonnen über die neue Bahn zur finnischen Eisenhütte Raahe transportiert werden. Der österreichische Vöest-Alpine-Konzern baute eine Pelletieranlage für Kostamukscha.

B. Nach dem Westen (siehe Skizzen Seite 20 und 21)

Über die 1919 fertiggestellte, 4 km lange sowohl breit- als auch normalspurige Verbindung von Tornio nach Haparanda läuft Rollmaterial beider Staaten im Personen- wie Güterverkehr. Während der letzten Jahrzehnte erwog man eine Bahn von der finnischen Linie Tornio—Äkäsjoki über den Grenzfluß zu den neuen Erzfundstätten in Schwedisch-Lappland. Die Erztransporte würden dann mit breitspurigem Material über finnisches Territorium entweder Haparanda oder den finnischen Hafen Röyttä bei Tornio erreichen. Die Verwirklichung dieses Plans ist unsicher.

Außer dieser festen Eisenbahnverbindung gibt es seit 1967 zwischen Finnland und Schweden eine Eisenbahnfährverbindung für Güterzüge. Pläne einer solchen Fähre gehen aufs Jahr 1899 zurück, als schwedische Finanzkreise die Konzession für eine Eisenbahn von Stockholm nach Kapellskär als Teil des Verkehrsweges England—Schweden—Rußland erhielten.

---

1 1975 überstieg der Güterverkehr über die Grenze in Vainikkala 4 Millionen Tonnen, in Niirala 1 Million Tonnen. 375.000 t rollten von der Sowjetunion über Finnland nach Westeuropa. In der Gegenrichtung werden Container nach Ungarn, Jugoslawien und Iran, ja sogar mit Endziel Indien, Ceylon und Philippinen befördert.

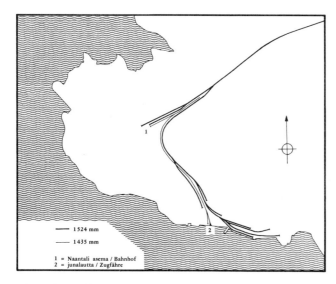

Breit- und Normalspur
im Hafenbahnhof Naantali

——— 1 524 mm
——— 1 435 mm

1 = Naantali asema / Bahnhof
2 = junalautta / Zugfähre

Die Bahn sollte breitspurig sein, um den direkten Verkehr zwischen Stockholm und Sankt Petersburg zu ermöglichen. Obwohl dieses Projekt noch in den ersten Jahren von Finnlands Selbständigkeit spruchreif schien, wurde es nie verwirklicht.

Gemäß Vereinbarung zwischen der finnischen und schwedischen Bahnverwaltung begann der Eisenbahnfährverkehr am 15. März 1967 zwischen Naantali Hafen und Stockholm (Värtan Hafen). Wegen der verschiedenen Spurweiten wurden in Naantali etwa drei Kilometer Normalspurgleis verlegt. Die Umladungshalle befindet sich beim Bahnhof Naantali. Ursprünglich wurde geplant, irgendeine Lokomotive der Serien Vv 12 oder Vv 13 normalspurig umzubauen; doch bedient bis auf weiteres keine eigene finnische Lokomotive die Normalspur in Naantali, sondern das Rangieren besorgt eine Lokomotive, die von den schwedischen Eisenbahnen gemietet wurde. In Zukunft soll in Naantali eine Achswechselvorrichtung das Umladen überflüssig machen.

Zwischen Naantali und Stockholm verkehren Eisenbahnfähren der schwedischen Staatseisenbahnen, und zwar seit Beginn s/s *Starke*, ab 4. März 1969 m/s *Drottningen* und seit 6. Mai 1973 m/s *Trelleborg*. Diese Eisenbahnfährverbindung hat die Transporte westwärts vermehrt und bot bis Ende 1975 eine Alternative zur Verbindung Tornio — Haparanda.

C. Nach dem Südwesten

Nach zehnjährigen Planungs- und Vorbereitungsarbeiten nahm die neue Reederei *Railship GmbH & Co.* am 15. Februar 1975 mit der größten Eisenbahnfähre der Welt, *Railship I*, den Direktverkehr zwischen Lübeck—Travemünde in der BRD und Hanko in Südwestfinnland auf. Auf den drei Decks des bei Rickmers in Bremerhaven gebauten Schiffes mit je 5 Gleisen finden bei einer Nutzgleislänge von 1 370 m 60 Großraumgüterwagen Platz, wobei ein 80 t-Doppelaufzug die Waggons in die einzelnen Stockwerke verstaut. Mit 20.000 PS Motorleistung bewältigt *Railship I* die Überfahrt in etwa 30 Stunden. Der eigens konstruierte Fahrzeugpark der Firma besteht aus 308 gedeckten Schiebewandvierachsern (Type Habis, Talbot, Aachen) und 165 Flachwagen (Laas, VEB Waggonbau Niesky) mit bis zu 54 t Tragfähigkeit nebst 75 Tankwagen.

Moderne Gleisanlagen und optimale Einrichtungen in beiden Häfen gestatten schon im Anfangsstadium 117 Fährfahrten im Jahr mit etwa 500.000 t Transportleistung. Zwei Normalspurlokomotiven besorgen auf dem normalspurigen Rangierbahnhof in der Nähe der Fähranlegestelle in Hanko die Beistellung der kontinentalen Güterwagen zum Umachsen auf Breitspur, wonach die Ware ohne Umladung ihren Weg fortsetzen kann. Pro Wagen dauert die Umspurung etwa zehn Minuten. Auf Wunsch befördert die Fähre auch andere Güterwagen (z. B. Kühl- oder Kesselwaggons), die auf einem besonderen Normalspurgleis in Hanko zur Entladung bereitgestellt werden.

Die Eisenbahnfährverbindung gerade mit dem europäischen Kontinent eröffnet dem internationalen Handel Finnlands bedeutende Möglichkeiten, zumal die Fährgesellschaft als zweite Ausbaustufe eine weitere Fähre und eine neue Serie von Güterwagen vorsieht.[1] Seit 1976/77 laufen umspurbare zwei- und vierachsige Kesselwagen über diese Verbindung.

D. *Nach dem Süden*

Der Architekt Eliel Saarinen nahm in seiner Stadtplanung von Groß-Helsinki vor 60 Jahren Rücksicht auf eine Eisenbahnfährverbindung zwischen Helsinki und Tallinn (Reval). Bisher ist dieses Fährprojekt nicht verwirklicht, aber auch nicht vergessen worden. Der jetzige Generalplan des Helsinkier Sompasaari-Hafens sieht den Raum für eine entsprechende Eisenbahnfähre vor. Ein finnisch-estnischer Fährverkehr ist in Zukunft umso leichter einzurichten, als die Spurweite in beiden Ländern dieselbe ist.

Die Illusion einer Eisenbahn zum Eismeer

Der Norweger *Ole Tobias Olsen* wird als der Vater der norwegischen Nordlandbahn Trondheim—Bodö betrachtet; sein Denkmal steht dort am Bahnhof Mo i Rana. 1872 unterbreitete er einen Vorschlag, der ihm einen Platz auch in der finnischen Eisenbahngeschichte sichert. In einem Artikel, der die ganze Vorderseite der norwegischen Zeitung *Morgenbladet* füllte, wies Olsen auf die unerschöpflichen Fischgründe an der Küste der Lofoten hin und stellte fest, daß eine leistungsfähige Fischverarbeitung auch den Weltmarkt zu beliefern imstande wäre. Da Finnland und Rußland beachtenswerte Abnehmer darstellten, plante Olsen eine *Nordlandbahn* über Haparanda nach Sankt Petersburg (1874), wobei Bodö am Atlantik den Ausgangspunkt der Bahn bilden sollte. Der Artikel erregte mehr Aufsehen im Ausland als in Norwegen. Der Chef des nordschwedischen Weg- und Wasserbaudistrikts reiste einzig und allein, um Olsen zu treffen, nach Kristiania (Oslo). Die Londoner *Times* referierte über den Artikel und setzte in ihrer Phantasie die Bahn gleich von Sankt Petersburg nach Kalkutta und Bombay fort!

Seit Olsens Plan wollten Projektemacher Nordfinnland mit einem eisfreien Hafen am Atlantik oder am Nördlichen Eismeer mittels einer Eisenbahn verknüpfen. Der Plan zum Bau der Bahn Oulu—Tornio zielte auf eine Verbindung nach dem Westen. Die Eisenbahn Haparanda—Boden—Gällivare—Narvik erfüllte diese Hoffnungen in gewissem Maß, obwohl sie keine nennenswerte Bedeutung für Nordfinnland gewinnen konnte.

1893 begannen die Russen, einen Flottenstützpunkt an der Murmanküste zu planen. Dorthin sollte eine Eisenbahn von Finnland her geleitet werden, denn die Entfernung von Oulu zur Murmanküste beträgt ja nur die Hälfte jener von Sankt Petersburg aus. An Alternativen wurden Oulu—Rovaniemi—Petsamo, Oulu—Rovaniemi—Port Wladimir, aber auch Joensuu—Kem—Kandalakscha—Port Wladimir und Sortavala—Petrosawodsk—Kem—Kandalakscha—Port Wladimir angeboten. Da diese Flottenstützpunktpläne damals scheiterten, wurden auch die Eisenbahngedanken fallengelassen. Erst als im Ersten Weltkrieg die Stadt Murmansk 1915 gegründet wurde, entstand 1915/17 die 1752 km lange Murmanbahn (heute Kirowbahn) gänzlich auf russischem Territorium östlich des Ladogasees über Petrosawodsk, Kem und Kandalakscha.

Als Finnland 1920 von Sowjetrußland das Petsamo-Gebiet bekommen hatte, entstanden Pläne einer Eisenbahn Rovaniemi—Petsamo (Liinahamari Hafen), aus denen jedoch nichts

---

1 Im Februar 1944 war ein Soldat, der in Lappland stationiert war, auf seiner Urlaubsfahrt nach Wien 14 Tage unterwegs; davon hatte er drei Tage in Hanko auf die Überfahrt zu warten.

wurde. Nachdem Finnland 1944 das Gebiet wieder an die Sowjetunion abtreten mußte, ist von Murmansk her eine Eisenbahn nach den dortigen Nickelgruben gebaut worden.

Nach 1944 sahen Vorschläge vor, die Eisenbahn im Tornionjoki-Tal nach Kilpisjärvi in Finnlands Nordwestspitze fortzusetzen und von dort weiter nach Skibotn oder Tromsö am Nördlichen Eismeer vorzustoßen. Heutzutage dürften allerdings die guten Landstraßen zwischen Finnland und Nordnorwegen (Finnmarken) für den Verkehr nach dem Eismeer ausreichen. Demzufolge wird eine solche Eisenbahn nicht so bald verwirklicht. Norwegen allerdings plant eine nördliche Verlängerung seines Netzes um 220 km von Narvik nach Tromsö zum Transport des Nordseeöls.

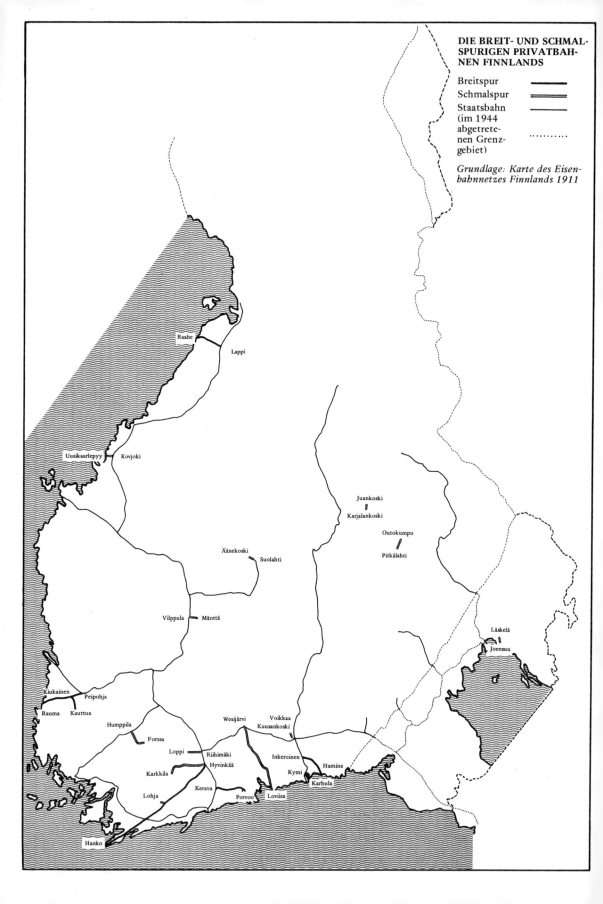

DIE BREIT- UND SCHMAL-
SPURIGEN PRIVATBAH-
NEN FINNLANDS

Breitspur
Schmalspur
Staatsbahn
(im 1944
abgetrete-
nen Grenz-
gebiet)

Grundlage: Karte des Eisen-
bahnnetzes Finnlands 1911

Raahe
Lappi

Uusikaarlepyy
Kovjoki

Juankoski
Karjalankoski

Outokumpu
Pitkälahti

Äänekoski
Suolahti

Vilppula
Mänttä

Läskelä
Joensuu

Kiukainen
Peipohja

Rauma
Kauttua

Humppila

Forssa

Wesijärvi
Voikkaa
Kuusankoski

Loppi
Riihimäki
Hyvinkää

Inkeroinen
Kymi
Hamina

Karkkila

Kerava

Karhula

Lohja

Porvoo
Loviisa

Hanko

Suomen yksityiset rautatiet / Privateisenbahnen in Finnland

Leveäraiteiset rautatiet / Breitspurbahnen   (1 524 mm)

Hangon rautatie	149.0 km	Hanko — Hyvinkää
Porvoon rautatie	33.0 km	Porvoo — Kerava
Rauman rautatie	49.8 km	Rauma — Peipohja
	14.0 km	Kiukainen — Kauttua
Haminan rautatie	26.0 km	Hamina — Inkeroinen
Raahen rautatie	34.0 km	Raahe — Lappi
Karhulan rautatie	5.4 km	Karhula — Kymi

Kapearaiteiset rautatiet / Schmalspurbahnen   785 mm

Karhulan rautatie	5.6 km	Karhula — Kymi

Kapearaiteiset rautatiet / Schmalspurbahnen   750 mm

Jokioisten rautatie	23.0 km	Forssa — Humppila
Loviisan rautatie	81.7 km	Loviisa — Vesijärvi
Lohjan sähkörata	5.0 km	Lohjan asema — Lohjanjärvi
Äänekosken — Suolahden rautatie	9.3 km	Äänekoski — Suolahti
Karkkilan rautatie	45.0 km	Hyvinkää — Karkkila
Läskelän satamarata	6.2 km	Läskelä — Joensuu
Outokummun — Pitkälahden rautatie	14.0 km	Outokumpu — Pitkälahti

Kapearaiteiset rautatiet / Schmalspurbahnen   600 mm

Mäntän — Vilppulan rautatie	8.0 km	Mänttä — Vilppula
Uudenkaarlepyyn rautatie	12.3 km	Uusikaarlepyy — Kovjoki
Karjalankosken rautatie	3.8 km	Juankoski — Karjalankoski
Riihimäen — Lopen rautatie	14.0 km	Riihimäki — Loppi
Kuusankosken — Voikkaan rautatie	5.6 km	Kuusankoski — Voikkaa

Huom! Kilometrilukuihin sisältyvät satamaradat
NB: In den Kilometerzahlen sind die Hafenbahnen mitgerechnet

Aktie der Hamina (schwedisch: Fredrikshamn) **Eisenbahn-AG** (Hamina–Inkeroinen).
Sammlung Erkki Nuutio

Die Privateisenbahnen in Finnland

Eine große Streitfrage des 19. Jahrhunderts war, ob der Staat alle Eisenbahnen oder nur die Hauptstrecken bauen soll. Schon 1872 kam man vom Gedanken ab, daß das ganze Netz aus Privateisenbahnen bestehen solle, und beschloß in der Folge, daß die Hauptbahnen Staatseisenbahnen sein sollen, während die Nebenbahnen privat sein können. Die ersten Privatbahnen mit allgemeinem Verkehr waren breitspurig, danach begann die Epoche der schmalspurigen Bahnen. Die Staatseisenbahnen sind immer breitspurig gewesen. Als einzige Ausnahme befuhr der Staat vorübergehend die Privatbahn Lahti—Loviisa, die er kaufte und auf Breitspur umbaute, während der Bauarbeiten 1957/60 als schmalspurig.

Die erste Schmalspurbahn in Finnland war eine 1871 gebaute 2 1/2 km lange Pferdebahn für Sägeholztransport zwischen zwei mittelfinnischen Seen. In Fiskari (Südfinnland) wurde 1891 eine schmalspurige Dampflokomotiv-Industriebahn von der Fabrik zum Hafen Pohjankuru gebaut. Danach wurden mehrere Industriebahnen gebaut, aber auch Schmalspurbahnen für allgemeinen Verkehr. Die älteste von diesen, die 1898 eröffnete Strecke Humppila—Forssa, bestand 1973 als letzte Schmalspurbahn Finnlands mit öffentlichem Verkehr. Alle übrigen sind abgebrochen worden.

Im Folgenden werden die breitspurigen Privatbahnen eingehender geschildert, teils weil von den sechs derartigen Bahnen fünf später von den Staatseisenbahnen gekauft wurden und ihr rollendes Material auf die Staatseisenbahnen überging, teils weil sie eine größere Bedeutung als die schmalspurigen hatten. Diese breitspurigen Bahnen wurden im allgemeinen gebaut, um den eisenbahnlosen Hafenstädten eine private Bahnverbindung zur nächstliegenden Strecke der Staatsbahnen zu schaffen und somit den Verkehr und Handel der Stadt zu beleben. Von den schmalspurigen Bahnen sind hier nur die wichtigsten genannt, die allgemeinen öffentlichen Verkehr gehabt haben. Die ausschließlichen Industriebahnen und die Forstbahnen sind weggelassen worden. Mit Ausnahme der Loviisa—Bahn hatten die Schmalspurbahnen in Finnland nur lokale Bedeutung. Die ausführliche Geschichte dieser Bahnen wird nach Abschluß laufender Studien publiziert.

Die Hanko-Eisenbahn

Schon im Jahre 1861 wurde zum ersten Mal der Gedanke ausgesprochen, Hanko an der Südspitze Finnlands mit St. Petersburg durch eine Eisenbahn zu verknüpfen und als Außenhafen der Hauptstadt des Zarenreiches auszubauen (der Abstand beider Städte beträgt etwa 530 km). Als die Staatsbahn von Riihimäki nach St. Petersburg 1869 fertig wurde, erteilte der Senat die Konzession für das Bauen einer breitspurigen Privatbahn von der Station Hyvinkää (an der Strecke Helsinki—Riihimäki) nach dem Hafen Hanko. Die Bahn wurde 1872/73 gebaut. Im September 1873 begann der Verkehr und am 1. November 1873 der Verbindungsverkehr mit den Staatseisenbahnen. Da stand die schwer verschuldete Gesellschaft schon vor dem Konkurs. Mit 1. Mai 1875 ging die Bahn nebst ihren 13 Lokomotiven und 297 Wagen auf die Staatsbahnen über, die den Nutzen aus dem regen Verkehr der noch heute wichtigen Bahn zogen. Allerdings ist Hanko nicht mehr wie im vorigen Jahrhundert der einzige Winterhafen Finnlands. 1975 leitete die Trajektverbindung mit der Bundesrepublik Deutschland eine neue Epoche in der Geschichte der Hanko-Eisenbahn ein.

Die Porvoo-Eisenbahn

Schon 1862 lag ein Plan vor, das Städtchen Porvoo östlich von Helsinki am Finnischen Meerbusen mit der ersten Eisenbahn Finnlands durch eine Nebenbahn zu verknüpfen. Da der Staat sich zu jenen Zeiten nicht für solche Lokalbahnen interessierte, ergriff die Stadt Porvoo selbst die Initiative und erhielt 1871 eine Konzession, die sie jedoch einer eigenen Gesellschaft übertrug. Der Bau der Bahn war voll Widerwärtigkeiten. Der 1874 aufgenommene Verkehr erfüllte die Hoffnungen bei weitem nicht. Der kleine Hafen in Porvoo konnte natürlich von dem großen Hafen in Helsinki keine nennenswerten Gütermengen an sich ziehen und wurde diesem nie ein wahrer Konkurrent. Auch scheiterten die Pläne, Porvoo und Lahti durch eine Bahn zu verbinden, um die Holztransporte von dem Päijänne-Seensystem nach Porvoo zu leiten. Die Bahn von Lahti wurde zur Nachbarstadt Loviisa gebaut. Schon 1875 wurde die Bahn erfolglos dem Staat angeboten. 1878 mußte die Bahngesellschaft Konkurs anmelden. Der Verkehr blieb doch nur eine knappe Woche stehen. Der neue Unternehmer konnte die Bahn wirtschaftlich erfolgreicher führen.

Im Sommer 1917 begann das Personal der Bahn zu streiken. Da die Bahn für die Lebensmittelversorgung von Helsinki in jenen Krisenzeiten wichtig war, begann der Staat das Einlösen der Bahn vorzubereiten. Am 1. Oktober 1917 ging die Bahn nebst ihren 4 Lokomotiven und 52 Wagen auf die Staatseisenbahnen über. Die zwei ältesten Lokomotiven der Bahn waren damals schon verschrottet und die dritte war 1887 den Staatseisenbahnen verkauft worden.

Die Rauma-Eisenbahn

Im Jahre 1888, als die Ständeversammlung den Bahnbau von Tampere zur Hafenstadt Pori am Bottnischen Meerbusen beschlossen hatte, wollten die Bürger der Nachbarstadt Rauma ihre Stadt mit dieser Bahn verbinden. Nachdem diese Stadt die entsprechende Konzession 1895 erhalten hatte, begann im April 1897 der Verkehr auf der 47 km langen Bahn und der 3 km langen Hafenbahn in Rauma, und im August desselben Jahres der Verbindungsverkehr mit den Staatseisenbahnen. Eine Zeit war Rauma seinem Konkurrenten Pori überlegen, aber als die Staatsbahn von Pori zum Außenhafen Mäntyluoto 1899 fertig wurde, glich die Situation sich aus. Die Rauma-Bahn erhielt 1913 eine 14 km lange Nebenbahn vom Bahnhof Kiukainen zur Fabriksortschaft Kauttua. Die Veränderungen im Lokomotivpark der Rauma-Bahn gehen aus der Lokomotivtabelle hervor. Die Rauma-Bahn hat von den Staatseisenbahnen Lokomotiven sowohl gekauft wie gemietet.

Im September 1947 beschlossen die Stadtverordneten, die Bahn dem Staat zu verkaufen, und am 1. Juli 1950 übernahmen die VR die Bahn nebst 10 Lokomotiven und 171 Wagen. Die Rauma-Bahn hat entscheidend dazu beigetragen, daß sich Rauma zu einer modernen Transithafen- und Industriestadt entwickelte. Die Bahn rentierte sich so gut, daß die Stadt gar keine Steuermittel für ihren Unterhalt aufzuwenden brauchte.

Die Hamina-Eisenbahn

Wie am Bottnischen Meerbusen die Städte Rauma und Pori, so wetteiferten am Finnischen Meerbusen die Städte Hamina und Kotka. Schon früh war Hamina als südlicher Endpunkt einer Bahn vorgesehen. Als jedoch die Staatsbahn nach Kotka gebaut wurde, plante man eine Privatbahn von Hamina zu dieser Bahn. Im September 1898 erhielt eine Aktiengesellschaft die Konzession, und die Bahn wurde im Oktober 1899 eröffnet. Am 1. Jänner 1901 begann der Verbindungsverkehr mit den Staatseisenbahnen. Der Verkehr dieser Privatbahn erfüllte jedoch nicht die Erwartungen, und der Hafen vermochte nicht, Verkehrsmengen vom Hafen Kotka an sich zu ziehen. (Erst nach dem Zweiten Weltkrieg wurde Hamina ein Großhafen und ein wahrer Konkurrent zu Kotka.) Im Jahre 1905 wurde die Bahn zum ersten Mal dem Staat angeboten, aber erst 1915 der Verkauf abgeschlossen und am 1. Jänner 1916 verwirklicht. Dabei bekamen die Staatseisenbahnen 2 Lokomotiven und 87 Wagen.

Die Raahe-Eisenbahn

Eine Aktiengesellschaft, in der die Stadt Raahe die Aktienmehrheit besaß, erhielt im Jänner 1899 die Konzession zum Bau einer Breitspurbahn vom Bahnhof Lappi (seit 1953 Tuomioja) an der Staatsbahnstrecke Seinäjoki—Oulu nach Raahe und weiter zum Hafen Lapaluoto am Bottnischen Meerbusen. Schon im Dezember desselben Jahres wurde der Verkehr auf der 28 km langen Bahn und im folgenden Jahr auf der 6 km langen Hafenbahn aufgenommen. Die Bahn erfüllte jedoch nicht die Erwartungen, und sie konnte nicht den Verkehr von der Bahn nach Oulu an sich ziehen. Am 1. März 1926 übernahm der Staat die Bahn nebst 2 Lokomotiven, dem Benzoltriebwagenpaar und 43 Wagen. Die Raahe-Bahn war die erste breitspurige Eisenbahn in Finnland, die Triebwagen hatte, und das Triebwagenpaar war das erste, das die Staatseisenbahnen bekamen.

Die Karhula-Bahn

Eine Industriebahn, welche die Fabriken in Karhula mit dem Bahnhof Kymi der Staatsbahn Kouvola—Kotka verknüpfte, wurde im Jahre 1900 fertig. Diese Bahn, in der für Finnland einzigartigen Spurweite von 785 mm, hatte nur lokale Bedeutung. Erst 1909 begann ein öffentlicher Personen- und Güterverkehr auf ihr.

Im Jahre 1926 wurde diese Privatbahn breitspurig umgebaut. Sie beschränkt sich seither auf Güterverkehr und hat Verbindungsverkehr mit den VR. Seit 1950 ist die Bahn die einzige breitspurige Privatbahn in Finnland; der Verkauf an die VR ist beabsichtigt. Heute hat die Bahn zwei Diesellokomotiven.

Die Jokioinen-Bahn

Die Fabriksortschaft Forssa (nunmehr Stadt) in Südwestfinnland blieb abseits der Bahntrasse Toijala—Turku, weshalb 1897/98 eine schmalspurige Bahn von dort über Jokioinen zum Bahnhof Humppila der erwähnten Staatsbahn gebaut wurde. Die Schmalspurbahn verwendete seit 1930 Triebwagen im Personenverkehr und seit 1937 Rollwagen zur Beförderung von breitspurigen Güterwagen. Der Personenverkehr wurde 1954 eingestellt. 1971/73 befuhr ein privater Verein die Bahn während der Sommerwochenenden mit Museumszügen.

Ein Bahnpoststempel der Privatbahn Forssa—Humppila aus der Zeit, als aus ihr eine Museumsbahn wurde (3. 5. 1973).

Die Loviisa-Bahn

Die Stadt Loviisa am Finnischen Meerbusen und ihr Hafen Valko wurde mit Lahti (seit 1905 Stadt) am Päijänne-Seensystem (Hafen am Vesijärvi-See) in den Jahren von 1898 bis 1900 durch eine Privatbahn verknüpft. Diese war die längste schmalspurige Bahn Finnlands und auch die einzige, die mehr als lokale Bedeutung erlangte. Bis zum Zweiten Weltkrieg war der Verkehr rege, begann aber danach wegen Konkurrenz der Kraftwagen abzunehmen. 1952 wurde der Personenverkehr eingestellt, 1956 die Bahn nebst 4 Dampflokomotiven, 3 Motorlokomotiven, 1 Triebwagen und 235 Wagen dem Staat verkauft; seit 1. Jänner 1959 gehört die Linie den VR. Der Staat baute sie 1957/60 auf Breitspur in der Weise um, daß der Schmalspurverkehr die ganze Zeit über fortdauerte. Erst als der Breitspurbau beendet war, wurde die Schmalspur, die zwischen den Schienen der breitspurigen Bahn lag, entfernt.

Die elektrische Bahn in Lohja

Lohja, Kirchdorf und Industrieortschaft, heute Stadt, war 1911/28 mit dem Bahnhof Lohja an der Staatsbahnstrecke Hyvinkää—Karjaa durch eine 5 km lange elektrische Schmalspurbahn verknüpft; dann wurde diese durch eine Nebenbahn der VR ersetzt. Zu den Eigenarten der Schmalspurbahn gehörten steile Steigungen (bis zu 3,5 %).

Die Bahn Äänekoski—Suolahti

1899—1900 wurde eine 9 km lange Schmalspurbahn von Suolahti, dem nördlichen Endpunkt der Staatsbahn von Jyväskylä, nach der Fabriksortschaft Äänekoski (heute Stadt) gebaut. Als die breitspurige VR-Bahn 1942 diese Bahn ersetzte, diente die Schmalspurbahn danach bis 1966 nur dem internen Verkehr der Fabriken in Äänekoski.

Die Karkkila-Bahn

Eine 11 km lange Schmalspurbahn wurde 1907/08 von dem Bahnknotenpunkt Hyvinkää zum Gutshof Kytäjä gebaut, hauptsächlich für Sägeholztransporte. 1911 wurde die Bahn zum Kirchdorf Pyhäjärvi (später Marktflecken Karkkila) verlängert; danach betrug ihre Länge 45 km. Der Verkehr war recht rege, aber der wachsende Kraftwagenverkehr nach dem Zweiten Weltkrieg wurde für die Bahn verhängnisvoll. Der Personenverkehr hörte 1961 und der Güterverkehr 1967 auf.

Die Hafenbahn in Läskelä

Von den Fabriken in Läskelä wurde 1912/14 eine 6 km lange Schmalspurbahn zum Ladeplatz Joensuu am Ladogasee gebaut. 1924 wurde Läskelä mit dem Staatsbahnnetz verknüpft, aber die Schmalspurbahn hatte trotzdem ihre eigene Aufgabe. Im März 1940 und von neuem im September 1944 wurden u. a. die Gegenden von Läskelä an die Sowjetunion abgetreten.

Die Bahn Outokumpu — Pitkälahti

Von der Grube Outokumpu zum Ladeplatz Pitkälahti am Saimaa-Seensystem wurde hauptsächlich für Erztransporte 1918/20 eine Schmalspurbahn gebaut. 1928 bekam Outokumpu eine Verbindung mit dem VR-Bahnnetz. Der Verkehr auf der Schmalspurbahn, ab 1947 als öffentlicher Verkehr, dauerte bis 1954.

Die Bahn Mänttä — Vilppula

Da die Fabriksortschaft (nunmehr Stadt) Mänttä in Mittelfinnland abseits der Staatsbahn Tampere — Vaasa gelegen blieb, wurde 1896/98 eine Schmalspurbahn von Mänttä zum Bahnhof Vilppula der Staatsbahn gebaut und 1927/30 diese durch eine breitspurige VR-Bahn ersetzt, wonach die Schmalspurbahn bis 1955 nur dem internen Verkehr der Fabriken in Mänttä diente.

Die Uusikaarlepyy-Bahn

Die Kleinstadt Uusikaarlepyy am Bottnischen Meerbusen baute zwecks Anschlusses an die Staatsbahn Seinäjoki — Oulu 1899 eine 8 km lange Schmalspurbahn zum Bahnhof Kovjoki und im folgenden Jahr eine 4 km lange Bahn von der Stadt zum Hafen. Der Personenverkehr wurde rege, aber den Hafenverkehr konnte die Bahn mit der Umladung in Kovjoki nicht beleben. Da die Instandhaltung der Bahn die Wirtschaftskraft der Stadt zu untergraben begann, verkaufte die Stadt die Bahn im Jahre 1916. Die beiden Lokomotiven kamen auf andere Schmalspurbahnen, während die Schienen und Wagen auf die Insel Mäkiluoto (Mac Elliot) im Finnischen Meerbusen befördert wurden, wo eine Festungsbahn entstand. Erst 1949 bekam Uusikaarlepyy von neuem eine Bahn, diesmal eine breitspurige VR-Bahn.

Die Karjalankoski-Bahn

Im Jahre 1900 wurde die Konzession für eine schmalspurige Pferdeeisenbahn von den Fabriken in Juankoski zum Ladeplatz Karjalankoski am Saimaa-Seensystem erteilt und 1905 Verkehr mit Dampflokomotiven gestattet. Der Personenverkehr dauerte bis 1933 und der öffentliche Güterverkehr bis 1949; danach diente die Bahn allein Transporten der Juankoski-Fabriken. 1957 wurde Juankoski mit dem VR-Bahnnetz verknüpft und im folgenden Jahr der Verkehr auf der Schmalspurbahn eingestellt.

Die Bahn Riihimäki — Loppi

Ein örtlicher Gewerbetreibender ließ 1907 vom Bahnknotenpunkt Riihimäki zum Sägewerk in Kesijärvi (Gemeinde Loppi) eine 14 km lange schmalspurige Pferdeeisenbahn bauen. 1910 wurde die Bahn für Dampflokomotivtraktion umgebaut. Für Holztransporte allein gab es eine 7 km lange Nebenbahn. 1911/49 wurde Personenverkehr betrieben, der Güterverkehr endete 1955.

Die Bahn Kuusankoski—Voikkaa

Rein lokalen Charakters war der Verkehr auf dieser Bahn, welche die Fabriken in Kuusankoski (nunmehr Stadt) verband und 1921 dem öffentlichen Verkehr übergeben wurde. 1954 wurde der Personenverkehr eingestellt und 1956 der Güterverkehr.

Herrn   Josef Otto Slezak

Verlag Josef Otto Slezak

Rienösslgasse 9

A-1040   WIEN   ÖSTERREICH

1. 6. 1975

HELSINKI - MARTINLAAKSO
HELSINGFORS - MÅRTENSDAL
VR SÄHKÖISTÄÄ

Am 1. Juni 1975 nahmen die VR den elektrischen Betrieb auf der neuerbauten Strecke Huopalahti (Hoplaks)—Martinlaakso (Mårtensdal) im Nordwesten Helsinkis (auf den Kärtchen Seiten 10 und 56 noch mit 'im Bau' beschriftet) auf. Im Oktober 1975 studierten vier finnische Techniker bei den ÖBB die Elektrifizierungsarbeiten.

Die Nummern und Reihenbezeichnungen der Lokomotiven und Waggons

Die ersten Lokomotiven der Staatsbahnen in Finnland hatten eigene Namen — wie die Schiffe noch heute —, aber schon 1865 wurden sie außerdem mit Nummern versehen. 1868 wurden die Nummern alleinige Kennzeichen der Lokomotiven der Staatsbahnen. Auf der Privatbahn Hyvinkää—Hanko hatten die Lokomotiven nur Namen; als diese 1875 an die Staatseisenbahnen überging, wurden die Namen durch Nummern ersetzt. Die Staatseisenbahnen entlehnten ihre finnischen Namen dem Nationalepos Kalevala oder den Bezeichnungen für Naturkräfte; eine Lokomotive hieß *Suomi*. Die Privatbahn Hyvinkää—Hanko verwendete Namen der leitenden Aktionäre der Gesellschaft und schwedische Namen von Städten in Finnland.

Gemäß einem Beschluß von 1879 sollten die Nummern kodeartig die Eisenbahn erkennen lassen, der die Lokomotive gehört. So wurde die Nummernserie 1 bis 100 für Lokomotiven der Eisenbahn Helsinki—Hämeenlinna—St. Petersburg reserviert und entsprechend 101 bis 200 für die Bahn Hyvinkää—Hanko, 201 bis 300 für Hämeenlinna—Tampere—Turku und 301 bis 400 für Tampere—Vaasa. Es dauerte indessen nicht lange, da stimmte dieses System nicht mehr, weil Lokomotiven von einem Depot zum anderen überstellt wurden.

1886 bestimmte der Senat Finnlands, daß die Eisenbahnen des Landes als ein Ganzes betrachtet werden sollen. Demgemäß beschloß die Eisenbahnverwaltung am 15. 1. 1887, daß die Lokomotiven und Wagen allen Eisenbahnen gemeinsam gehören, und 1888 wurden die Lokomotiven neu genummert. Tabelle 4 enthält Namen und Nummern der Lokomotiven. In der Serienbezeichnung gab 80 Jahre hindurch ein Buchstabe den Radsatz und eine Ziffer die Lokomotivtype an, zum Beispiel C6, G1, F2. Im Oktober 1942 beschloß die Eisenbahnverwaltung, dieses System durch ein neues zu ersetzen, wobei ein großer Buchstabe die Verkehrsaufgabe der Lokomotive, ein kleiner Buchstabe die Klasse der Achslast und eine Nummer die Konstruktionstype bezeichnet, zum Beispiel Hv 2, Tk 3, Dm 2. Hiebei bedeutet:

H	=	Personenzugslokomotive	k =	Achslast höchstens 11.0 t
P	=	Lokalverkehrslokomotive	v =	Achslast 11.1 bis 14.0 t
T	=	Güterzugslokomotive	r =	Achslast mindestens 14.1 t
V	=	Rangierlokomotive		
S	=	Lokomotive für gemischte Züge		

Bei den Triebwagen bedeutet:

B	=	Benzinmotor	╲ =	elektrische Kraftübertragung
D	=	Dieselmotor	m =	mechanische Kraftübertragung

Dampflokomotiven

Die beigefügten Tabellen umfassen alle Dampflokomotiven der Finnischen Staatsbahnen sowie der breitspurigen Privateisenbahnen, die später der Staat kaufte und zum Staatsbahnnetz vereinigte. Im allgemeinen sind die Listen nach Angabe der Hersteller zusammengestellt, was auch für die Listen des Rollmaterials gilt. Kursiv sind diejenigen Lokomotiven gedruckt, die nicht auf den Staatsbahnen Dienst versahen. Die Lokomotive Nr. 2 der Privateisenbahn Raahe wurde zum Beispiel 1926 mit der Bahn vom Staat erworben, aber gleichzeitig abgeschrieben, obgleich sie nominell die Reihenbezeichnung F 2 und Nr. 65 bekam. Die Dampflokomotivreihe Tv 3 (ursprünglich Tv 6) wurde 1945/50 als letzte Dampflokomotivtype der VR geplant. Über Lieferungen hatten die VR mit dem englischen Hersteller verhandelt, aber dann doch keine Bestellung aufgegeben, weil Tr 1-Lokomotiven günstiger erschienen.

Die ersten Dampflokomotiven wurden verständlicherweise aus England, dem klassischen Land des Lokomotivbaus, bezogen. Die Baudirektion der Helsinki—Hämeenlinna-Eisenbahn hatte im Dezember 1859 vier Lokomotiven über das Handelshaus Henrik Borgström & C:o bestellt, das als Butterverkäufer in England bekannt war als das Großfürstentum Finnland!

Neun Jahrzehnte hindurch bauten viele europäische Länder Dampflokomotiven für Finnland, obwohl auch die finnische Industrie früh mit dem Bau von Dampflokomotiven begann.

Die erste Lokomotive mit Überhitzer war die I 2 Nr. 456, 1906 als Naßdampfmaschine gebaut, aber 1908 für Überhitzer umgebaut und mit der neuen Reihenbezeichnung I 3 versehen. Mehrere Naßdampfmaschinen wurden später zu Überhitzermaschinen umgebaut, zum Beispiel die Lokomotiven 530 bis 544 der Reihe L 1 (Umbau im Jahre 1925) und alle nach dem Zweiten Weltkrieg aus dem Überschußvorrat der U. S. Army gekauften Vr 4-Lokomotiven, die nach Umbau 1950/54 die Reihenbezeichnung Vr 5 bekamen.

Im allgemeinen haben die VR ihre Lokomotiven neu gekauft. Die zwanzig Dampflokomotiven der Reihe H 11 (später Hr 2 und Hr 3) kamen allerdings als alte gebrauchte Lokomotiven der Reihen Ta und Tb von den Schwedischen Staatsbahnen (SJ). Als Finnland im Sommer 1941 wieder in den Zweiten Weltkrieg gerissen und der Mangel an Lokomotiven auf der VR empfindlich wurde, baute Schweden diese Lokomotiven von Normalspur auf Breitspur um und lieferte sie 1942 über Haparanda — Tornio.

Die Dampflokomotiven verwendeten anfänglich nur Holz, und zwar Nadelholz als Heizmaterial, weil es genügend Wälder in Finnland gibt. Zum ersten Mal kauften die Staatsbahnen 1890 Kohle aus dem Ausland. Seit 1897 feuerte man auch Birkenholz. Neben Holz und Kohle versuchte man in den ersten Jahrzehnten dieses Jahrhunderts auch Torfmehl als Brennstoff. Im Zweiten Weltkrieg war man gezwungen, auch Torf zu verfeuern.

Öl als Feuerungsmaterial haben die VR wenig gebraucht. Die ersten Ölbrenner waren die Pr 2-Lokomotiven, die Henschel ursprünglich für die Staatsbahnen in Estland gebaut hatte. Wegen des Kriegsausbruchs kauften die VR diese vier Lokomotiven, die vor der Lieferung nach Finnland in Henschel-Fabriken für Kohlenfeuerung umgebaut wurden. Da die Ölpreise nach 1945 sehr billig wurden, ließen die VR insgesamt zehn Dampflokomotiven 1947 — 1952 für Ölfeuerung umbauen, nämlich Pr 1 765 — 766, 771 — 773, Pr 2 1800 — 1803 und Hr 1 1005.

In den Kriegen haben die finnischen Staatsbahnen viele Dampflokomotiven verloren. Während des Ersten Weltkriegs gerieten insgesamt 58 Lokomotiven nach Rußland, von denen in den zwanziger Jahren 46 zurückgesandt wurden. Insgesamt 44 Lokomotiven konnten wieder instand gesetzt werden. Als 1918 die Grenze am Rajajoki geschlossen wurde, war eine russische Güterzuglokomotive auf finnischer Seite zurückgeblieben. Sie wurde als C 6 Nr. 100 von den Staatsbahnen übernommen. Man kennt die technischen Abmessungen dieser Lokomotive, aber nicht den Hersteller. Während des Austausches des rollenden Materials nach dem Friedensvertrag von Dorpat im Jahre 1920 wollten die Russen die Lokomotive nicht zurück und somit konnten die VR die C 6 100 bis zur Verschrottung im Jahre 1928 verwenden.

Während des Zweiten Weltkriegs kamen insgesamt 84 Dampflokomotiven in die UdSSR. Die Lokomotiven G 10 (Sk 3) 353, H 2 (Hk 1) 294, K 2 (Tk 2) 470, K 3 (Tv 1) 615 und 617 sowie I 1 (Vk 1) 301 sind auf Kriegsgebiet geblieben. Nach dem Winterkrieg war Finnland gezwungen, 3180 Güterwagen, 142 Personenwagen und die folgenden 75 Lokomotiven an die UdSSR in der Zeit vom 15. Juli bis 7. September 1940 zu überstellen:

alt	Reihe neu	Anzahl	Nummer
H1, H2	(Hk 1)	8	232, 234, 235, 236, 237, 292, 295, 298
H 5	(Hk 3)	9	452, 453, 478, 479, 480, 481, 482, 483, 484
H 7	(Hv 4)	3	516, 517, 518
I 1	(Vk 1)	1	305
G 7	(Sk 4)	2	306, 307
G 10	(Sk 3)	6	350, 352, 354, 355, 356, 357
G 9	(Sk 2)	4	360, 362, 363, 370
K 1	(Tk 1)	6	271, 272, 273, 274, 277, 284
K 3	(Tv 1)	10	712, 713, 714, 715, 716, 717, 718, 719, 720, 721
K 5	(Tk 3)	24	818, 819, 820, 821, 822, 824, 825, 826, 827, 828, 870, 874, 875, 876, 877, 882, 883, 885, 886, 887, 888, 889, 890, 891
L 1	(Vr 1)	2	530, 531
		75	

Während des Fortsetzungskrieges bekamen die VR die Lokomotiven Tk 1 284, Tk 3 874 und 887 sowie eine weitere von Tampella 1922 für Lettland gebaute Güterzuglokomotive Nr. 1299. Diese Lokomotive der Type K 3/Tv 1 bekam die Nr. 596 der VR, weil die ursprüngliche Tv 1 596 im Kriegsgebiet verblieben war. In Verlust gerieten auch die Lokomotiven Hk 1 294, Sk 3 215 und 353, Tk 1 279 und 287, Tk 2 416 und 470, Tk 3 871 und Tv 1 615, 709, 728 und 903 sowie insgesamt 915 Wagen. Außerdem wurde die Tk 1 288 in Kemi gesprengt.

1951/52 wurden die Lokomotiven Tk 3 821, 822 und 886 sowie Tv 1 617, 716 und 720 nach Finnland zurückgeschickt.

Die einzigen schmalspurigen Dampflokomotiven der VR waren die Lokomotiven Nr. 6, 7, 9 und 11, die der Schmalspurbahn Lahti—Loviisa gehört hatten. Die VR verwendete sie 1959/60, bis die genannte Bahn auf Breitspur umgebaut wurde.

Triebwagen

Der eigentliche Durchbruch des Omnibusverkehrs in Finnland geschah in den zwanziger Jahren unseres Jahrhunderts. Damit waren die Eisenbahnen — sowohl die Staatseisenbahnen als auch die breit- und schmalspurigen Privateisenbahnen — gezwungen, bezüglich des Nahverkehrs in Konkurrenz zu den Omnibussen zu treten. Da kurze Personenzüge mit Dampflokomotiven unwirtschaftlich sind, begannen die VR 1925 die Planung einer Triebwagentype, die möglichst gut den finnischen Verhältnissen anzupassen war.

In demselben Jahr hatte die Privateisenbahn Raahe als erste Breitspurbahn Finnlands eine Triebwageneinheit beschafft. Diese Einheit bestand aus zwei fest zusammengekuppelten Ford-Lastkraftwagenuntergestellen, beide mit 28 PS Benzinverbrennungsmotor. Auf die Untergestelle hatte die Firma Keski—Suomen Auto Oy in Tampere Omnibuskarosserien damaliger Art gebaut. Auf der Raahe-Eisenbahn bewährte sich diese Triebwageneinheit, und nachdem diese Privateisenbahn 1926 an die VR gefallen war, verkehrte dieser Schienenbus im Namen der VR noch ein Jahr auf der Raahe-Bahn.

Die VR legten ihrer Triebwagenplanung zwei Typen zugrunde: einen zweiachsigen Benzintriebwagen und einen vierachsigen dieselelektrischen Triebwagen. Von letzterer Type wurde Triebwagen Nummer 1 der Reihe Ds 1 1927 gebaut und 1928 auf der Strecke Turku—Naantali in Betrieb genommen. In demselben Jahr wurden die beiden Benzintriebwagen (Nr. 2 und 3 der Reihe Bm 1) fertig. Diese Wagen waren außer der Triebwageneinheit von Raahe die einzigen zweiachsigen Triebwagen der VR.

Die Erfahrungen steckten die Zukunft der finnischen Triebwagen ab. In den dreißiger Jahren folgten die vierachsigen dieselelektrischen Triebwagen der Reihe Ds 2 und Ds 3. 1933/36 experimentierten die VR mit Holzgasbetrieb, indem sie Triebwagen 11 mit einem Benzinmotor und einem Holzgasgenerator ausrüsteten. Da diese Versuche keine entscheidenden Erfolge erzielten, wurde dieser Triebwagen der Reihe Ps mit einem Dieselmotor versehen und damit zur Reihe Ds 3 umgebaut. 1935/37 bauten die VR-Werkstätten zu Pasila Triebwagen mit mechanischer Kraftübertragung (Reihen Dm 1 und Dm 2). Auch wurden vier vierachsige Beiwagen der Leichtbauart für Triebwagen gebaut, weil die gewöhnlichen Personenwagen zu schwer für Triebwagendienst waren.

1938/39 kauften die VR drei Triebwagen der Leichtbauart aus Schweden, wo Hilding Carlsson bahnbrechende Arbeit geleistet hatte. Diese vierachsigen Benzintriebwagen der Reihe Bm 2 und Bm 3 wurden 1942—1943 mangels an Brennstoff mit Holzgasgenerator ausgerüstet. Der Zweite Weltkrieg unterbrach Planung, Bau und Entwicklung von Triebwagen. Erst 1949 konnten die VR die ersten Dm 3- und Dm 4-Triebwagen aus Leichtmetall bestellen. Alle zehn Triebwagen der Reihe Dm 3 wurden 1956/59 zur Reihe Dm 4 umgebaut.

Für seine schnellen Triebwagenzugverbindungen Anfang der fünfziger Jahre nutzte Finnland die mitteleuropäischen Erfahrungen vor dem Zweiten Weltkrieg. Die Valmet-Fabriken, die alle Triebwagen der VR seither gebaut haben, lieferten 1954/56 insgesamt sechs Dreiwageneinheiten aus Leichtmetall. Diese kurzgekuppelten Einheiten wurden von einem Dm 4-Triebwagen gezogen und boten als sogenannte Expreßzüge seit 1954 den höchsten Reisekomfort der Nachkriegsjahre.

Im Jahr der Olympischen Spiele in Finnland, 1952, begannen die VR, den Schienenbusverkehr zu planen. Die Entwicklung in diesem Bereich war nach dem Krieg in Schweden und in der Bundesrepublik Deutschland bedeutend gewesen. Daher hatten die VR die Absicht, aus der Bundesrepublik Deutschland eine Anzahl zweiachsiger Schienenbusse (Reihe VT 95 der DB) mit Beiwagen zu kaufen. Für diese Triebwagen war schon die Reihenbezeichnung Dm 5 reserviert, aber Valutamangel verhinderte eine Einfuhrbewilligung. Darum waren die VR gezwungen, sich an Schweden zu wenden. Die Valmet-Fabriken gingen bald zum Bau vierachsiger Triebwagen in Leichtbauweise einen Lizenzvertrag ein, und die ersten Triebwagen der Reihe Dm 6 wurden 1954 gebaut. Typisch für diese Triebwagen war der sehr kleine Raddurchmesser von 613 mm. Seit 1955 wurden alle blauweißen Schienenbusse mit größeren Rädern (Durchmesser 790 mm) versehen; ihre Reihenbezeichnung war Dm 7. Valmet hat auch eine bedeutende Menge — insgesamt 202 Stück — verschiedener Beiwagen (für Personen, Gepäck, Post u.ä.) für die von den Triebwagen der Reihen Dm 6 und Dm 7 gezogenen Schienenbuszüge gebaut.

In den sechziger Jahren wurden schnelle Triebwagenzüge mit hohem Reisekomfort und sehr guten Fahreigenschaften aktuell. Die völlig wiederhergestellten Bahnlinien erlaubten höhere Geschwindigkeiten, als die alten Expreßzüge der Reihe Dm 4 erreichen konnten. Die VR bestellten von Valmet insgesamt 24 Triebwageneinheiten, je aus zwei Triebwagen und einem Mittelwagen. Die Triebwageneinheit für Fernverkehr erhielt die Reihe Dm 8 (Mittelwagen der Reihe CEikv). Die Triebwagen besitzen nur zweite Klasse, der Mittelwagen ist aber ein kombinierter Wagen der ersten und zweiten Klasse und daneben mit einer Küche versehen.

Die Dm 9-Einheit (mit Mittelwagen der Reihe Eiv) war ursprünglich für den Helsinkier Nahverkehr vor der Elektrifizierung gedacht und besaß nur zweite Klasse. Weil diese Einheiten bald im Fernverkehr verkehrten, erfuhr der Mittelwagen eine Änderung der Inneneinrichtung: er wurde ein kombinierter Wagen der ersten und zweiten Klasse mit der Reihenbezeichnung CEiv. In den siebziger Jahren bekamen diese Mittelwagen auch eine Küche. Die Dm 8- und Dm 9-Triebwageneinheiten sind die schnellsten in Finnland (140 km/h); bis drei Dreiwageneinheiten können zusammengekuppelt werden.

In den sechziger Jahren begannen die VR die Elektrifizierung ihrer Bahnlinien, was eine ganz neue Triebwagenart erforderlich machte. Die finnische Industrie schuf eine Elektrotriebwageneinheit, die aus einem Triebwagen der Reihe Sm 1 und einem Steuerwagen der Reihe Eio besteht. Diese Triebwagenzüge sind die ersten thyristorgesteuerten Schienenfahrzeuge in Finnland. Bis fünf Zweiwageneinheiten können zusammengekuppelt werden. Die Sm 1-Triebwagen Nummern 6041–6050 haben einen Steuerwagen der Reihe Eiob. Dieser Steuerwagen besitzt keinen Gepäckraum; die 40 früheren Eio-Wagen dagegen haben einen Gepäckraum. 1972 bestellten die VR neue Sm 2 + Eioc-Einheiten, die aus Leichtmetall gebaut werden.

Motorlokomotiven

Von den in den Tabellen zusammengestellten Lokomotiven mit Verbrennungsmotor besaßen die ersten zwei Lokomotiven, 101 und 102 der Reihe Vk 11, einen Petroleummotor. Alle anderen Motorlokomotiven sind mit Dieselmotoren versehen. Die erste Motorlokomotive kam aus Schweden und versah leichten Nebenbahndienst. Eine 'Kopie', Nummer 102, wurde in Finnland von Lokomo gebaut. Vor dem und während des Zweiten Weltkriegs haben die VR insgesamt sechs Diesellokomotiven aus Deutschland gekauft. Alle erwähnten Lokomotiven der Reihen Vk 11, Vk 12, Vk 13 und Vv 11 wurden später mit Kleinlokomotivnummern geführt, sodaß die in den Tabellen genannten ursprünglichen Reihen- und Nummernbezeichnungen nicht mehr gelten. 1970 wurden sogar alle Lokomotiven der Reihen Vv 13 und Vv 14 in die Gruppe der Kleinlokomotiven umgenummert.

Nach dem Zweiten Weltkrieg versuchte sich der finnische Diesellokomotivbau mit den Reihen Vv 12 und Sv 11. Der Bau größerer Serien beginnt jedoch mit der Reihe Vv 13. Danach lieferte die finnische Industrie für die VR Diesellokomotiven heimischer Konstruktion. Nur die Baupläne der Reihe Hr 13 stammen aus Frankreich, wo auch die ersten zwei Lokomotiven dieser Reihe gebaut wurden.

Die VR mieteten Ende der fünfziger Jahre insgesamt vier ausländische Diesellokomotiven, um neue Erfahrungen zu sammeln. Aus Schweden kam eine NOHAB-Lokomotive für Streckendienst und lief in Finnland 1958/59. Aus der Bundesrepublik Deutschland verkehrten zwei MaK-Mietlokomotiven 1959/60, eine im Rangierdienst, die andere im Streckendienst. Die letztere war im Depot Kouvola vom 17. 8. 1959 bis 29. 6. 1960 stationiert. Die vierte gemietete Diesellokomotive stammt aus Österreich, von den Jenbacher Werken. Auf der VR lief sie 1959/63 und wurde danach von einer Firma gekauft.

Die Elektrolokomotiven wurden nach langen Diskussionen aus politischen Gründen von der Sowjetunion bezogen, obwohl die finnische Industrie jahrelang Elektrolokomotiven für die VR entwickelt hatte. Die vierachsigen Universallokomotiven der Reihe Sr 1 verkehren im Personen- und Güterverkehr.

Die Waggons

Bauart und Formgebung

Die ersten Personen- und Güterwagen der finnischen Staatsbahnen wurden ebenso wie die Lokomotiven aus England bestellt. Die Untergestelle, zuerst aus Holz, wurden bald in Eisenkonstruktion ausgeführt. Die Zeit der ersten Eisenbahnlinie Helsinki—Hämeenlinna war eine Probeperiode auch bezüglich der Wagentypen. Die anfangs gebrauchten typisch englischen Personenwagen mit Abteilen über die ganze Wagenbreite ohne Mittel- oder Seitengang waren für finnische Verhältnisse nicht geeignet, weil der Schaffner über ein an der Außenseite des Wagens angebrachtes Fußbrett balancieren mußte, was besonders im Winter gefährlich war. Dampfbeheizte, von außen eingeschobene Sandkasten erwärmten die Wagen. Noch vor 1870, also vor Eröffnung der Bahn Riihimäki—St. Petersburg, gingen die finnischen Staatsbahnen auf prinzipiell neue Personenwagentypen entweder mit Mittelgang (Großraumwagen) oder Seitengang (Abteilwagen) über. Seitdem sind beide Typen in Gebrauch, wobei die ersteren überwiegen.

Die ersten Personen- und Güterwagen waren zwei-, später auch dreiachsig. Die ersten vierachsigen Drehgestellwagen — die auch die ersten eigenen Schlafwagen der Staatsbahnen waren — wurden 1898 gebaut. Der Güterwagenpark war früher nicht so reich an verschiedenen Typen. Die wichtigsten Wagentypen waren gedeckte Wagen für Stückgüter, Milch-, Gepäck- und Postwagen sowie offene Wagen für Holztransport und die für den Bahnbau wichtigen Kieswagen.

Die Personenwagen waren anfänglich mit Holz verkleidet. In den siebziger Jahren des vorigen Jahrhunderts wurden auch Blechplatten zur Verschalung verwendet. Wegen der strengen Wetterverhältnisse erwies es sich jedoch als besser, die Personenwagenkasten mit Holz zu verkleiden, was seit 1899 hauptsächlich geschah. Das Holzmaterial, zuerst Pappel, wurde ab etwa 1910 von Espe abgelöst. Ziemlich spät entschlossen sich die VR zu stählernen Personenwagen. Die ersten 15 Stahlkasten-Großraumwagen aus der Bundesrepublik Deutschland kamen 1961 in Verkehr und 1963 begannen die VR-Werkstätten zu Pasila die Massenproduktion von Stahlkastenwagen für Personenverkehr.

Der finnische Wagenbau ist beinahe ebenso alt wie der finnische Eisenbahnbau. Schon 1860 baute die Staatsbahnwerkstätte Helsinki die ersten Güterwagen. Es war geplant, alle 276 Personenwagen für die Bahn Riihimäki–St. Petersburg in Finnland zu bauen. Die private Werkstatt in Pori konnte jedoch nur 22 Wagen liefern, denn ein Brand zerstörte im Jänner 1870 die Werkstatt völlig. Übrigens war es ein großes Problem, die Wagen von Pori auszuliefern, weil die Stadt keine Eisenbahnverbindung hatte. Teils wurden die Wagen mit Schiff nach Helsinki oder Viipuri gesandt, teils auf der Landstraße von Pferden nach Hämeenlinna transportiert. Andererseits gab es auch in den Lieferungen vom Ausland Transportschwierigkeiten. Die Wagen von der Firma F. Ringhoffer in Prag mußten etwa mit Sonderbau-Normalspurachsen durch Deutschland rollen und in St. Petersburg durch die Straßen der Stadt zur Finnischen Station nördlich der Newa von Pferden gezogen werden.

Da verschiedene europäische Hersteller an den Lieferungen beteiligt waren (im 19. Jahrhundert Rußland, Schweden, Deutschland, Österreich-Ungarn, Belgien und England), konnten die finnischen Staatsbahnen der Entwicklung gut folgen. Außer den Staatsbahnwerkstätten Helsinki, Pasila (bei Helsinki), Turku und Viipuri bauten 1869 bis 1916 auch Privatfirmen in Helsinki, Karhula, Kokkola, Pori, Tampere und Turku Wagen.

Ein Komitee, das der Senat am 27. Juni 1896 eingesetzt hatte, um Möglichkeiten heimischer Rollmaterialerzeugung zu untersuchen, empfahl, Lokomotiven entweder in privaten oder in den Werkstätten der Staatsbahnen, Güterwagen in privaten Werkstätten, Personen- und Sonderwagen dagegen in den Werkstätten der Staatsbahnen zu bauen. Dies hatte zur Folge, daß nach 1900 keine Wagen mehr aus dem Ausland bezogen wurden, abgesehen von den erwähnten Stahlkasten-Personenwagen und von einer geringen Anzahl Güterwagen der Rheinstahl Siegener Eisenbahnbedarf AG (1960/61).

Nachdem die Pasila-Werkstätten 1903 mit dem Wagenbau begonnen hatten, gingen die Bestellungen aus Privatwerkstätten beträchtlich zurück und endeten 1918 völlig. Pasila lieferte sodann alle Wagen der VR bis 1954, wonach die Fabrik Valmet in Tampere Stahlkastenspezialausführungen von Postwagen, Speisewagen und Salonwagen der Reichspräsidenten und der Regierung erzeugte. Valmet hat auch Diesel- und Elektrotriebwageneinheiten gebaut. Die Fabrik Lokomo in Tampere fertigte die ersten Kesselwagen mit selbsttragender Konstruktion ohne Untergestelle für die VR.

Schlafwagen

Der Kammerjunker R. von Haartman schlug vor, eine Schlafwagenverbindung zwischen Helsinki und St. Petersburg einzurichten. Die Eisenbahnverwaltung genehmigte diesen Plan und der erste finnische Nachtzug begann seine Reise von Helsinki nach der Hauptstadt des Kaiserreichs am 1. Juni 1876. Zum ersten Mal rollte ein kombinierter Schlafwagen der ersten und zweiten Klasse am 16. August 1876 von St. Petersburg nach Helsinki. Kammerjunker von Haartman war Besitzer der drei in Prag gebauten dreiachsigen Schlafwagen. Die Tätigkeit, später von der Suomen Makuuvaunuosakeyhtiö (Finnische Schlafwagenaktiengesellschaft) betrieben, endete allerdings 1899, als die Staatsbahnen diese Wagen kauften und zu gewöhnlichen Reisezugwagen erster Klasse umbauten. Die ersten eigenen Schlafwagen der Staatsbahnen wurden 1898 gebaut. Diese kombinierten Wagen zweiter und dritter Klasse waren in Finnland die ersten Wagen mit zweiachsigen Drehgestellen. 1909 wurde eine Anzahl Schlafwagen dritter Klasse nach dem Günzburg-System (der Wagen enthält ebensoviel Schlaf- wie Sitzplätze) gebaut, das sich jedoch als wenig gelungen erwies. Diese Wagen wurden auch bald neu eingerichtet.

1912 begann die Compagnie Internationale des Wagons-Lits den Verkehr mit sieben Schlaf- und acht Speisewagen auf der Linie Helsinki–St. Petersburg. Der Erste Weltkrieg behinderte diese Tätigkeit und 1919 hörte die Gesellschaft mit dem Schlafwagenverkehr auf. Die Speisewagen dagegen rollten bis 1959 auf den Staatsbahnen; dann kaufte sie die Aktiengesellschaft Suomen Ravintolavaunu Oy (Finnische Speisewagen AG). Die ersten Stahlkastenschlafwagen der VR, 1970 in den Pasila-Werkstätten gebaut, haben keine getrennten Klassen, sondern in jedem Abteil je nach Bestellung zwei oder drei Betten.

Spezialwagen während des Ersten Weltkriegs

Zu Beginn des Jahres 1913 erhielt der Militärtransportchef[1] in Finnland von der Militärtransportverwaltung des russischen Generalstabes den Befehl, Maßnahmen zur Hebung der Mobilmachungsbereitschaft der finnischen Eisenbahnen im Hinblick auf die Möglichkeit des Ausbruches eines Krieges zu ergreifen. Es sollten zum Beispiel 1544 Stück Güterwagen auch für winterliche Soldatentransporte ausgerüstet werden. Die Staatsbahnen waren somit gezwungen, in eigenen und auch in privaten Werkstätten gedeckte Güterwagen mit Eisenverkleidung zu bauen. Die Anzahl dieser Spezialwagen nach Art der im Zarenreich verwendeten Type stieg schließlich auf über 4200 Stück.

Klassenbezeichnungen und Wagenfarben

Am Anfang der siebziger Jahre des vorigen Jahrhunderts wurden die Wagen der ersten Klasse blau gestrichen, die der zweiten Klasse grün und die der dritten braun. Dieser Farbunterschied verschwand nach dem Selbständigwerden Finnlands. Danach waren alle Personenwagen braun gestrichen, römische Ziffern (I, II, III) zeigten die Klasse an. Das Dreiklassensystem der VR endete am 3. Juni 1956 gleichzeitig wie bei den meisten europäischen Bahnverwaltungen. Seither führen die Züge der VR nur zwei Klassen, die gegebenenfalls mit arabischen Ziffern (1, 2) bekanntgemacht werden. Als Kennzeichen der ersten Klasse dient in der Regel wie in anderen europäischen Ländern ein gelber Strich an der Seitenwand entlang dem Dach.

Die Stahlkastenwagen der VR (Personen-, Schlaf- sowie Postwagen) sind blau/weiß gestrichen, ebenso die Schienenbusse. Die Dm8- und Dm9-Triebwagenzüge sind hellrot/weiß, die Elektrotriebwageneinheiten ziegelrot gestrichen. Güterwagen waren ursprünglich dunkelgrün, später schwarz gestrichen, die Milchwagen aber weiß. Erst Anfang der siebziger Jahre unseres Jahrhunderts begannen die VR, die Güterwagen im Stil anderer europäischer Länder rotbraun zu streichen.

Abkürzungsbezeichnungen

Die ersten aus England gekauften Personenwagen trugen die Aufschrift *Helsingin – Hämeenlinnan rautatie*[2]. Aber schon nach Fertigstellung der Bahn Riihimäki – St. Petersburg kam die Benennung *Staatseisenbahnen* in Gebrauch, welche allerdings in der Folge variierte und demgemäß auch durch verschiedene Buchstabenkombinationen ausgedrückt wurde. So waren seit etwa 1910 die Zeichen FSJ/SVR in Gebrauch (Finska Statsjärnvägarne / Suomen Valtionrautatiet = Finnische Staatseisenbahnen), also mit der schwedischen Abkürzung an erster Stelle. Nach dem Selbständigwerden Finnlands wurden die auf den Landesnamen sich beziehenden Wörter *Finska* und *Suomen* sowie die entsprechenden Buchstaben weggelassen. Später verschwanden Name und Abkürzung auf schwedisch, sodaß die finnischen Staatsbahnen nur VR heißen, welche Abkürzung auch die UIC verwendet.

---

1 Seit 1890 fungierten in Rußland die Militärtransportchefs als örtliche, der Militärtransportverwaltung unterstellte Beamte. Das Zarenreich war in 20 Bezirke eingeteilt, von denen Finnland einen bildete.

2 Helsinki – Hämeenlinna - Eisenbahn

Das Rollmaterial der Kriegszeit

Das rollende Material der Kriegshandlungen 1939/45 umfaßte das sowjetische Material, das während des Krieges erobert wurde, sowie jenes, das die Deutschen vom Baltikum nach Finnland sandten. In jenen Zeiten des Mangels an Lokomotiven und Wagen mußte auch dieses Material im Auftrag der Wehrmacht verwendet werden. Bezüglich Typen und Beschaffenheit herrschte daher ein buntes Gemisch.

Während Finnland nach dem Winterkrieg an die Sowjetunion 75 Lokomotiven, 142 Personenwagen und 3 180 Güterwagen überlassen mußte, fielen 1941 31 sowjetische Lokomotiven in finnische Hand. Von Estland verschifften die Deutschen 263 Lokomotiven nach Finnland. Von diesen konnten 110 estnische und sowjetische Lokomotiven – die zum Teil schon vorher repariert worden waren – in Verkehr genommen werden, wogegen sich 153 als unbrauchbar erwiesen.

Wieviel Personen- und Güterwagen auf solche Art nach Finnland kamen, ist nicht genau bekannt. Nach einer Berechnung sollen es 1941/43 insgesamt 5 521 gewesen sein, davon 232 Personen- und Truppentransportwagen. Unter diesen befanden sich auch ursprünglich finnische Wagen, die nach dem Winterkrieg an die Sowjetunion abgegeben worden waren. Die Wagen wurden nach ihrem Zustand in vier Klassen geteilt, nach Möglichkeit repariert und in Betrieb genommen.

Die in Gebrauch genommenen Lokomotiven erhielten 1941 neue Serienbezeichnungen, die 1942 erneuert wurden. Einige Lokomotivserien erfreuten sich eigener Kosenamen wie *Der rote Pfeil* (Serie Hr 6), *Tatjana* (Tv 3, Tr 4) oder *Der große Russe* (Tr 2).

Nach Kriegsende mußte dieses Material der Sowjetunion zurückgestellt werden, die Lokomotiven bis Frühling 1945 und die Wagen bis Ende 1946. Darunter befanden sich die erwähnten 110 in Verkehr gewesenen Lokomotiven, 147 unbrauchbare Lokomotiven und 4 064 sowjetische Wagen. Ferner wurden über 3 800 finnische Wagen überlassen.

Finnlands Lokomotivindustrie

Die ersten Lokomotiven bezog Finnland aus dem Ausland, denn es hatte ja keine Erfahrung in der Konstruktion solcher Maschinen. Sehr früh – nachweislich spätestens im Jahre 1868 – begann sich jedoch die heimische Industrie für den Lokomotivbau zu interessieren. Auch die Eisenbahnverwaltung wünschte, wenigstens bezüglich der Ersatzteile von der ausländischen Industrie unabhängig zu werden. Die ersten Versuchsbauten kamen allerdings nicht aus privaten Werkstätten, sondern aus dem eigenen Depot der Eisenbahnen, welches 1874/75 die ersten zwei heimischen Lokomotiven fertigstellte. Da sie gleichsam als Nebenprodukt in langer Bauzeit und außerdem mit einigermaßen mangelhaften Werkzeugen entstanden waren, stellten sie sich recht teuer, was nicht besonders ermutigend war. Weitere Lokomotiven wurden daher nach wie vor aus dem Ausland bestellt.

In der Mitte der neunziger Jahre, als das Netz der Eisenbahnen kräftig wuchs und es an Lokomotiven mangelte, lag der Gedanke nahe, den Werkstätten Finnlands Großaufträge ganzer Lokomotivserien zu geben. Ein vom Senat eingesetzter Ausschuß vertrat 1896 den Grundsatz, daß die Herstellung von Lokomotiven im Inland sowohl wünschenswert als möglich ist und daß die Lokomotiven für die finnischen Eisenbahnen darum in Zukunft vorzugsweise im Inland gefertigt werden sollen, entweder in privaten oder in den bahneigenen Werkstätten. Auch richtete der Ausschuß die Aufmerksamkeit des Senats darauf, daß die Lokomotiven in möglichst gleichmäßiger Folge bestellt werden sollten, wobei die privaten Werkstätten die besten Voraussetzungen für rationelle Lokomotivproduktion böten. Dieser Ausschußbericht schuf die Grundlagen für den finnischen Lokomotivbau, der während des 20. Jahrhunderts achtunggebietende Leistungen erreichte und sogar exportfähig wurde. Hier seien die 720 Kriegsentschädigungslokomotiven genannt, die ein eigenes Kapitel der finnischen Lokomotivindustrie bilden. Auch international betrachtet hält der Lokomotivbau in Finnland Spitzenniveau.

Helsingin konepaja (Werkstätte Helsinki)

Die Werkstatt der Eisenbahn Helsinki—Hämeenlinna begann in vollem Umfang im Herbst 1861 ihre Tätigkeit. Hier wurden für die erste Eisenbahn Finnlands die in England gebauten Lokomotiven fahrbereit instandgesetzt. Neben ihrer Hauptaufgabe, Rollmaterial zu reparieren, baute diese Werkstätte auch Eisenbahnbrücken, Drehscheiben und seit 1873 Eisenbahnwagen. Wie erwähnt, wurden die ersten heimischen Lokomotiven hier in den Jahren 1874 (Nr. 57) und 1875 (Nr. 58) fertiggestellt. Später folgten noch vier Lokomotiven der Reihe G 2 (1888, 1895 und 1896). Danach konzentrierte sich die Werkstatt auf Wagenproduktion. Diese Sparte übernahm nach dem Zweiten Weltkrieg stufenweise die neue Zentralwerkstätte Hyvinkää (gegründet 1944), worauf die Werkstatt Helsinki 1962 ihre Tätigkeit einstellte.

Tampella (1861—1959 Tampereen Pellava- ja Rautateollisuus O.y. = Lein- und Eisenmanufaktur Tampere AG; seit 1959 Oy Tampella Ab)

Am 31. Mai 1898 erhielt diese Fabrik eine für damals riesengroße Bestellung: 40 Lokomotiven mit Tendern sollten binnen fünf Jahren geliefert werden. Damit begann die berühmte Lokomotivindustrie der Stadt Tampere. Von den Dampflokomotiven Tampellas wurde die erste am 25. Juli 1900 und die letzte am 2. Dezember 1957 fertiggestellt. Danach lieferte Tampella Dieselmotoren für Lokomotiven, die Lokomo und Valmet bauten. Insgesamt hat Tampella 979 Breit- und Schmalspurlokomotiven und 23 Motorgestelle sowie 1955/59 45 Rangierlokomotoren für die Staatseisenbahnen und für private Fabriken erzeugt, ferner 1967/70 für die schwedischen Staatseisenbahnen Gestelle für die Elektrotriebwagenzüge der Serie X1 und 1955/56 Gestelle für 75 heimische Straßenbahnwagen der Helsinkier Straßenbahnen.

Lokomo (1915/42 Oy Lokomo Ab; 1942/70 Lokomo Oy; seit 1970 Lokomo-Fabriken des Konzerns Rauma-Repola Oy)

Die Fabrik Lokomo in Tampere wurde 1915 hauptsächlich zum Bau breitspuriger Lokomotiven für die Staatseisenbahnen gegründet. Die erste Lokomotive wurde 1920 fertig, die letzte 1972. Der Anteil der Fabrik an den Kriegsentschädigungslokomotiven war entscheidend. Insgesamt baute Lokomo 696 breit- und schmalspurige Dampf- und Motorlokomotiven und Lokomotoren. Nach Einstellung des Lokomotivbaus spezialisierte sich Lokomo auf Tiefbau- und Forstindustriemaschinen, baut aber auch Eisenbahnwagen, z.B. die ersten selbsttragenden Tankwagen der finnischen Staatseisenbahnen.

Valmet (bis 1946 separate Fabriken und eine Schiffswerft, die dem Verteidigungsministerium unterstellt waren; 1946/50 Valtion Metallitehtaat = Staatliche Metallfabriken, ein Konzern; seit 1951 Valmet Oy, eine staatliche Aktiengesellschaft)

Valmet umfaßt heute 12 verschiedene Fabriken, die u.a. Schiffe, Maschinen, Elektrogeräte, Traktoren und Eisenbahnmaterial bauen, letzteres in ihren Fabriken (früher Flugzeugfabrik) in Tampere. Die Herstellung von schmalspurigen Lokomotiven begann 1945. Von den Kriegsentschädigungslokomotiven baute Valmet u.a. 76 Gasgeneratorlokomotiven und arbeitete mit Lokomo und Tampella beim Dampflokomotivbau zusammen. Auch hat Valmet gemeinsam mit Lokomo Diesellokomotiven für die Staatseisenbahnen gebaut. Nach dem Zweiten Weltkrieg erzeugte Valmet alle finnischen Dieseltriebwagenzüge (die sogenannten Expreßzüge und Schienenomnibusse) sowie alle Elektrotriebwagenzüge. Heute baut Valmet in Tampere außer Lokomotiven und Eisenbahnwagen auch Straßenbahnwagen und U-Bahnwagen für die Verkehrsbetriebe Helsinki.

Insinööritoimisto Saalasti (Ingenieurbüro Saalasti), Helsinki

Saalasti hat sich auf Bau von Eisenbahnmaterial spezialisiert. Die Werkstatt von Turengin Sokeritehdas Oy in Turenki und die Fabriken von Parkano Oy in Parkano bauten seit 1958 Saalastis zweiachsige Rangierlokomotiven. Saalastis eigene Werkstatt in Kirkkonummi erzeugt Diesellokomotiven für den Export sowie Bahnarbeitswagen für die Staatseisenbahnen. Für den Fährschiffhafen in Hanko baute Saalasti zwei normalspurige Diesellokomotiven. Nach vielen europäischen Ländern exportiert Saalasti automatische Rangierkupplungen. Auch Schneepflüge für Eisenbahnen gehören zum Produktionsprogramm Saalastis.

Parkano (1962/73 Parkano Oy, seit 1973 im Konzern Rauma-Repola Oy)

Die Fabrik in Parkano liefert Industrielokomotiven, Grubenzüge und Eisenbahnmaterial. Für Saalasti hat Parkano Diesellokomotiven gebaut.

Oy Suomen Autoteollisuus Ab, Sisu (seit 1931), Helsinki

Die Werke in Karjaa dieser Automobilfabrik versorgten die Staatsbahnen seit 1962 mit über 150 Eisenbahnlastkraftwagen. Diese Fabriken, bis 1942 unter dem Firmennamen *Oy Karia Ab*, bauten seinerzeit Straßenbahnwagen für Helsinki und Turku.

Strömberg (Gründung der ersten Fabrik 1889)

Die Strömberg-Fabriken bauten ihre ersten Elektrogeräte in Triebwagen der Staatseisenbahnen schon nach 1930. Heutzutage versieht Strömberg alle elektrischen Züge der Staatseisenbahnen und auch die U-Bahnwagen und Gelenkstraßenbahnwagen der Verkehrsbetriebe Helsinki mit Thyristortechnik, ebenso die elektrischen Lokomotiven, welche die Sowjetunion für die finnischen Staatseisenbahnen baute. Strömberg ist eine bedeutende Exportfirma der Elektrobranche.

Die Ausfuhrleistungen der finnischen Lokomotivindustrie

In der beigefügten Tabelle sind die 52 Lokomotiven aufgezählt, die die drei Lokomotivfabriken in Tampere und Saalasti in den Jahren 1917 bis 1973 nach Rußland, der Sowjetunion, Lettland und Schweden exportiert haben. Außerdem wurden als Kriegsentschädigung 720 Lokomotiven an die Sowjetunion übergeben; von diesen berichtet ein eigenes Kapitel.

Die Kriegsentschädigungslieferungen

Als Finnland in Moskau am 19. September 1944 den Vertrag unterzeichnete, der den Krieg beendete, verpflichtete es sich, der Sowjetunion die Schäden, die der Krieg verursacht hatte, mit Warenlieferungen (Holzwaren, Papier, Zellulose, See- und Flußschiffe, Maschinen) im Wert von 300 Millionen Dollar binnen sechs Jahren zu ersetzen. Diese Forderungen wurden später gemildert, indem die Frist auf acht Jahre verlängert und die Summe auf etwa 226,5 Millionen Dollar herabgesetzt wurde. Die Waren sollten sehr hohen technischen wie qualitativen Anforderungen entsprechen, Verspätungen — auch infolge höherer Gewalt — hatten Strafzinsen von 5 % pro Monat zur Folge.

Die Lieferungen von Dampf- und Motorlokomotiven sowie Güterwagen stellten hohe Anforderungen an die finnische Industrie, die sich aber als sehr anpassungs- und leistungsfähig erwies. Zeitweise erschwerte der Rohstoffmangel die Einhaltung des Programms. Schmalspurige Dampflokomotiven wurden 644 Stück gebaut. Lokomo lieferte die Kessel, Valmet die Führerstände, Armaturen und Tender; Lokomo und Valmet vollzogen gemeinsam die Zusammenstellung. Die schmalspurigen Motorlokomotiven (76 Stück) baute Valmet allein. Schmalspurige Güterwagen (Spurweite 750 mm) wurden 6 185 Stück geliefert. Da die Maschinenwerkstätte der Staatseisenbahnen in Pasila die Verluste der eigenen Bahnen zu ersetzen hatte, wurden die erforderlichen Wagen von Valmet, Oy Ammus (in Rauma) und Salon Sähkö- ja Konetehdas (in Salo) gebaut.

Außer diesen Lieferungen, die in den Tabellen 16 und 17 aufgezählt werden, mußte Finnland noch drei Dampflokomotiven übergeben: Nr. 1115 (Serie Tk 3), die eben für die Staatseisenbahnen in Lokomo fertig geworden war, eine Schmalspurlokomotive (600 mm), die für Kymin Oy in Tampella vorgesehen war, und die gebrauchte Lokomotive Nr. 4 (Henschel) der schmalspurigen Privatbahn Forssa—Humppila.

Der Transport der Kriegsentschädigungslieferungen zur Grenzstation Vainikkala bedeutete für die ohnehin überlasteten Eisenbahnen eine gewaltige Beanspruchung. Oft war die Beförderung des Entschädigungsguts ein wahres Wettrennen mit der Zeit, weshalb diese Züge volle Priorität gegenüber sämtlichen anderen Zügen genossen. Dank unermüdlichen Anstrengungen ihres Personals lösten die Staatseisenbahnen ihre Aufgabe hervorragend. Am 30. August 1952 rollte der letzte Zug mit Entschädigungswaren von Vainikkala über die Grenze.

Die Straßenbahnen und Obusse in Finnland

Bis zum Zweiten Weltkrieg waren Helsinki, Tampere, Turku und Viipuri die größten vier Städte Finnlands. Von 1932 bis 1939 war Viipuri (mit 74.400 Einwohnern 1939) die zweitgrößte Stadt nach der Landeshauptstadt; 1944 kam die Stadt an die Sowjetunion. Seither kämpfen Tampere und Turku um den Rang der zweitgrößten Stadt. Beide haben heute über 160.000 Einwohner, Helsinki etwa 500.000. Diese vier Städte, Helsinki mit Umgebung, sind die einzigen in Finnland mit Straßenbahn- und/oder Obusverkehr.

In der Straßenbahngeschichte Europas ist die gesonderte Entwicklung in Finnland in mancherlei Hinsicht interessant. Gemeinsam ist allen Straßenbahnunternehmungen die Bedeutung weitblickender Persönlichkeiten. Was die Bauarbeiten selbst betrifft, spielten ausländische Bauherren die entscheidende Rolle. Gemeinsam ist auch die verhältnismäßig späte Betriebsübernahme durch die Stadtgemeinden.

Pläne, Straßenbahnen in Finnland zu bauen, verdanken ihre Anregung in erster Linie Schweden, wo Stockholm 1877 die erste Straßenbahn eröffnete. In Helsinki wurde 1881 und in Turku 1889 mit Straßenbahnprojekten begonnen; trotz dieses Zeitunterschieds begann der Verkehr zuerst in Turku.

Turku

Im Frühling 1889 beantragte Graf August Magnus Armfelt bei der Stadtverwaltung eine Konzession für ein Pferdestraßenbahnsystem und im Juni 1889 erhielt er sie, übertrug sie jedoch einer neugegründeten Gesellschaft, deren Generaldirektor er wurde. Die Spurweite der Straßenbahn war mit 1436 mm einzigartig in Finnland und die Länge der eingleisigen Bahn betrug 3,1 km. Die Gesellschaft AB Atlas in Stockholm lieferte vier gedeckte und einen offenen Wagen. Die Probefahrt fand am 3. Mai 1890 statt. Da die Droschkenkutscher eben damals streikten und der Bedarf an Verkehrsmitteln groß war, begann der regelmäßige Verkehr schon am folgenden Tag. Da Servitute die Gesellschaft schwer belasteten — sie mußte die betreffenden Straßen instand und vom Schnee frei halten —, erbrachte ihr Betrieb Verluste und die Stadt war nicht gewillt, die Gesellschaft zu unterstützen. Deshalb mußte der Verkehr am 31. Oktober 1892 eingestellt werden, die Pferde und Wagen wurden verkauft und die Schienen später entfernt.

Der Straßenbahngedanke starb jedoch in Turku nicht mit der Pferdestraßenbahn, und das kräftige Wachsen der Stadt trug dazu bei, daß der Mangel einer elektrischen Straßenbahn immer fühlbarer wurde. Gemäß einem Projekt von 1905 erteilte die Stadtverwaltung im folgenden Jahr der schwedischen Schwestergesellschaft der deutschen AEG die Konzession, welche später der finnischen Schwester übertragen wurde. Die Gesellschaft Butt & Co., Berlin, übernahm die Bauarbeiten in Akkord; sie wurden während des Sommers und Herbstes 1908 durchgeführt. Die Spurweite betrug 1000 mm. Der Verkehr begann am 22. Dezember 1908. Mit 1. Jänner 1919 löste die Stadt die Straßenbahn ein und begann, sie als ein kommunales Unternehmen zu betreiben. 1929 begann der Bau von Doppelspuren. Seinen Gipfelpunkt erreichte der Betrieb 1946 mit drei Linien. Infolge des wachsenden Verkehrsanteils der Omnibusse wurden nach 1956 keine Erweiterungen, nach 1958 keine Wageninvestitionen mehr vorgenommen, und 1965 wurde die stufenweise Einstellung des Straßenbahnverkehrs beschlossen. Die erste Linie wurde im März 1967 eingestellt, die letzte am 1. Oktober 1972.

Helsinki

1881 beantragte Ingenieur Daniel Fraser eine Konzession zum Straßenbahnverkehr in der Landeshauptstadt; diese wurde ihm zwar erteilt, Kapitalmangel vereitelte aber die Pläne. Eine 1887 gegründete Gesellschaft begann im folgenden Jahr einen Pferdeomnibusverkehr. Dieser erwies sich bald für den Bedarf nicht geeignet, weshalb dieselbe Gesellschaft 1890 eine Straßenbahnkonzession erhielt. Die Bauarbeiten auf dieser Bahn mit einer Spurweite von 1000 mm begannen in demselben Jahr. Am 11. Dezember 1890 nahm die Pferdestraßenbahn mit 15 gedeckten und 4 offenen Wagen, die die dänische Fabrik Scandia geliefert hatte, den Betrieb auf. Von Anfang an war Rücksicht auf späteren elektrischen Betrieb genommen. 1898 wurde mit der Actiengesellschaft Electricitätswerke (vorm. O. L. Kummer & Co.) eine Vereinbarung über Elektrifizierung getroffen. Auf der ersten elektrischen Linie begann der Verkehr am 4. September 1900, und am 21. Oktober 1901 verkehrte der letzte Pferdestraßenbahnwagen. — Als Eigentümlichkeit sei hier erwähnt, daß 1898 auch einer anderen Gesellschaft eine Konzession für Straßenbahnverkehr nach den Vorstädten erteilt wurde, aber bevor etwas Konkretes geschah, kaufte die frühere Gesellschaft diese neue auf, sodaß Helsinki zwei parallele Unternehmen erspart blieben.

1908/09 wurden die Straßenbahnen zweispurig umgebaut. 1913 übernahm die Stadt Helsinki die Aktienmehrheit. Das Netz wuchs mit dem Wachsen der Stadt. Mit 1. Jänner 1945 löste die Stadt die Straßenbahnen ein und gestaltete sie als kommunales Unternehmen um. Der ständig steigende Verkehr erzwang bald eine Erneuerung des Rollmaterials. Probeweise wurde 1952 von der Vestische Straßenbahn GmbH (BRD) der Triebwagen Nr. 341 gemietet. Diese Maßnahme führte dann zu einer Großlieferung der heimischen Industrie von 105 vierachsigen Triebwagen und 30 vierachsigen Beiwagen (1954/59). Zuletzt begann 1973 die Beschaffung heimischer Gelenkwagen mit sechs Achsen und Thyristortechnik.

Umgebung von Helsinki

Im Finnischen Meerbusen liegen innerhalb der Grenzen der Stadt Helsinki rund 300 Inseln und Klippen, von welchen die Karte nur Kulosaari und Lauttasaari zeigt. Kulosaari, Lauttasaari, Haaga und Munkkiniemi gehören seit 1. Jänner 1945 zum Gemeindegebiet von Helsinki. Die Karte zeigt die heutigen Stadtgrenzen.

Kulosaari

Auf der Insel Kulosaari östlich von Helsinki entstand aus Privatinitiative seit 1907 eine 'Gartenstadt' nebst Fährverbindung zwischen Helsinki und Kulosaari. Eine private elektrische Straßenbahnlinie mit 1000 mm Spurweite schloß sowohl auf der Insel als auch auf der Stadtseite an, wobei sich letztere Linie mit dem städtischen Netz vereinigte. Die Villenstadtgesellschaft beauftragte vertraglich die Helsinkier Gesellschaft mit der Betriebsführung. Der Helsinkier Teil der Linie nahm den Verkehr am 25. September 1910, die ganze Linie am 19. November desselben Jahres zugleich mit dem Trajekteisbrecher auf. Der Trajekt beförderte die Straßenbahnwagen über den Sund. Diese einzigartige Epoche in der finnischen Straßenbahngeschichte dauerte bis 15. Dezember 1919; am folgenden Tag begann der Verkehr über eine neue Brücke nach Kulosaari.

Anfang 1915 übertrug die Villenstadtgesellschaft Bahn und Trajekt einer neugegründeten Tochtergesellschaft. Diese bestellte von ASEA (Schweden) zwei Straßenbahnwagen, die ersten vierachsigen in Finnland; eigenartig war ihr Raucherabteil. Ab 1919 verkehrten diese Wagen, die den Kosenamen 'Jumbo' erhielten, nach Kulosaari neben gewöhnlichen Helsinkier Wagen. Am 1. Juni 1926 kaufte die Helsinkier Gesellschaft die Privatbahn samt Rollmaterial auf. Anfang 1938 wurde der Verkehr durch Omnibusse ersetzt, die Schienen und Stromleitungen blieben jedoch. Der Treibstoffmangel im Zweiten Weltkrieg erzwang eine Wiederaufnahme des Straßenbahnverkehrs am 11. September 1939, der sodann noch bis 14. Dezember 1950 fortdauerte. Seither wird Kulosaari mit Omnibussen bedient; in Zukunft geht die U-Bahn hin.

Lauttasaari

Zur Insel Lauttasaari (westlich von Helsinki), wo 1912 ebenfalls eine private 'Gartenstadt' entstand, führte auch eine Fährverbindung. Durch Lauttasaari ließ der Initiator dieser Gartenstadt eine Pferdestraßenbahn mit 1000 mm Spurweite bauen, die, im Sommer 1913 eröffnet, nur bis 31. Oktober 1917 verkehrte, wonach die Schienen entfernt wurden.

Haaga und Munkkiniemi

Nördlich von Helsinki war seit 1904 die Vorstadt Haaga emporgewachsen. Als ihre Einwohnerzahl 1910 schon 1600 überstieg, erwog die größte Grundeigentümergesellschaft eine elektrische Straßenbahnverbindung mit Helsinki. Diese Gesellschaft besaß auch den größten Teil des Bodens in Munkkiniemi, nordwestlich von Helsinki, und wollte auch dort eine Vorstadt mit elektrischer Straßenbahnverbindung schaffen. Zwischen dieser Grundeigentümergesellschaft und der Helsinkier Straßenbahngesellschaft wurde im Juni 1912 ein Abkommen erzielt, laut welchem erstere die Bahnen bauen und letztere auf ihnen den Verkehr besorgen sollte. Die schwedische Gesellschaft ASEA führte die Bauarbeiten der Bahnen mit 1000 mm Spurweite in Akkord durch. Auf den beiden Linien, Helsinki—Haaga und Helsinki—Munkkiniemi, begann der Verkehr am 22. Dezember 1914. Anfang 1927 erwarb die Helsinkier Straßenbahngesellschaft die beiden Privatbahnen. Auf der Linie nach Haaga wurde der Verkehr am 30. August 1953 eingestellt und das Gleis entfernt. Nach Munkkiniemi verkehrt noch heute die Straßenbahnlinie 4.

Die U-Bahn in Helsinki

Um 1955 begann Helsinki mit einer U-Bahn-Planung. Im Mai 1969 beschlossen die Stadtverordneten grundsätzlich den Bau der ersten Linie der *Metro*, wie die Bahn genannt wird. Diese Linie verläuft in der City unterirdisch und in der Peripherie schnellbahnähnlich. Inländische Firmen besorgen die Bauarbeit und den Wagenbau. Am 4. Mai 1972 wurde die erste, 2,8 km lange Probestrecke, ein Teil des endgültigen Netzes, der Stadt Helsinki übergeben. Die Spurweite ist dieselbe wie bei den finnischen Staatseisenbahnen, also 1524 mm.

Viipuri

Die Stadtverordneten in Viipuri erteilten am 11. November 1910 der deutschen Gesellschaft AEG die Konzession für den Bau einer elektrischen Straßenbahn mit 1000 mm Spurweite. Die schwedische Gesellschaft ASEA führte den Bau durch, wonach 1912 der Verkehr begann, auf der ersten Linie am 28. September und auf der letzten am 1. Dezember. Das Netz umfaßte drei Linien. Streitigkeiten über die Vertragsklauseln führten in der Folge zu Prozessen und schließlich im April 1936 zu jenem Gerichtsurteil, das die Gesellschaft ihrer Konzession für verlustig erklärte, worauf die Stadt die Straßenbahnen de facto am 15. Mai und de jure am 31. Dezember 1936 übernahm.

Anläßlich des Winterkrieges wurde der Verkehr Anfang Dezember 1939 zeitweise unterbrochen und nach einer kurzen Verkehrszeit am 23. Dezember eingestellt. Im März 1940 fiel die Stadt an die Sowjetunion; sie soll den Straßenbahnverkehr fortgesetzt haben, zumindest waren die Wagen in neuen Farben gestrichen, als die Finnen Viipuri zurückeroberten. Danach verkehrten die Straßenbahnen vom 5. Mai 1943 bis 15. Juni 1944. Nachdem Viipuri im Friedensvertrag der Sowjetunion überlassen worden war, soll der Straßenbahnverkehr bis 1957 fortgeführt worden sein.

Obuslinien in Finnland

Schon vor dem Ersten Weltkrieg lagen in Finnland Pläne zum Obusverkehr vor, aber erst der Treibstoffmangel während des Zweiten Weltkriegs und danach gab den entscheidenden Anstoß. Sowohl in Helsinki als auch in Tampere begann das Projektieren 1946. Tampere eröffnete seine erste Linie am 8. Dezember 1948 und erweiterte sie später zu einem ganzen Liniennetz. In Helsinki blieb die in der City am 5. Februar 1949 eröffnete Obuslinie die einzige. In beiden Städten, wo die Gemeinde die Verkehrsunternehmen betreibt, führt die Überalterung der Obusse zu Überlegungen, ob der Verkehr eingestellt oder ein neuer Wagenpark angeschafft werden soll. Helsinki plant ein ganzes Obusliniennetz. In Tampere waren nur einheimische Obusse in Betrieb. Helsinki begann den Verkehr mit drei alten schwedischen Wagen, die übrigen sind heimischer Herkunft. Drei Obusse aus der Sowjetunion, welche 1973 in Helsinki ein halbes Jahr probeweise liefen, entsprachen nicht den Anforderungen, die die Verkehrsverhältnisse dieser Stadt an Obusse stellen.

In Helsinki wurde der Obusverkehr bis auf weiteres am 14. Juni 1974 stillgelegt, in Tampere am 15. Mai 1976.

Dieses Kärtchen zeigt die U-Bahn (dicke Linie; Stand 1975) und S- sowie Eisenbahnlinien (dünn) in Helsinki. Nachdem sich die Stadt Helsinki am 7. Mai 1969 zum Bau der ersten, 11 km langen Metrostrecke entschlossen hatte, wurde bis 1977 der unterirdische Teil (zwei Tunnel zu 3,8 km) von Kamppi (mit Wende- und Abstellgleisen) bis über Sörnäinen hinaus sowie die anschließende oberirdische Strecke, die auf Brücken die Insel Kulosaari einschließt, bis Puotinharju fertiggestellt. Die Errichtung der Bahnhöfe wird bis 1982 dauern und die mehrmals hinausgeschobene Betriebsaufnahme nach letzten Plänen am 1. Jänner 1983 erfolgen. Bis dahin werden 21 Leichtmetall-Doppeltriebwagen, orange gestrichen, zur Verfügung stehen. Die letzten 18 Doppeltriebwagen werden Ende 1984 geliefert. Von den 54 Rolltreppen, welche die U-Bahn Helsinki 1977 bestellte, kamen 21 aus der Sowjetunion und 33 von der Wiener Firma Wertheim.
Karte und Quellen: *Der Stadtverkehr*, Bielefeld, 1975, Heft 11–12, Seite 408, und 1978, Heft 4, S. 180.

Da der deutsche Text weniger Raum brauchte als der finnische, sind die Seiten 59 bis 63 der deutschen Ausgabe mit einigen zusätzlichen Bildern ausgefüllt, die also in der finnischen fehlen.

Helsinki in den frühen zwanziger Jahren: zwei ASEA-Triebwagen und ein Sommerbeiwagen (aus der Nummernreihe 232—243) in der Snellmaninkatu vor dem Regierungspalast (1822 von Architekt J.C.L. Engel, 1778—1840, gebaut). *Sammlung Verlag Slezak*

Helsinki fünfzig Jahre später: Gelenktriebwagen Nr. 64 (Linie 3B) in der Kaivokatu am 1. September 1975. *Foto Mikko Alameri*

Eine der Personenzuglokomotiven (Reihe A6), die Sigl, Wiener Neustadt, zusammen mit C-Güterzuglokomotiven 1875/77 für die finnischen Staatsbahnen nach 'englischen Typen' baute, wie es in der *Denkschrift zur Vollendung der 4000. Locomotive in der Locomotiv-Fabrik vorm. G. Sigl in Wiener-Neustadt* (Juni 1897) heißt, der dieses Bild entnommen ist.   *Sammlung Verlag Slezak*

Vierachsiger Salonwagen Nr. 41 der finnischen Staatsbahnen für den Generalgouverneur von Finnland, 1898 von Ringhoffer in Prag gebaut, seit 1965 im Privatbesitz (Oy Nokia Ab).   *Sammlung Verlag Slezak*

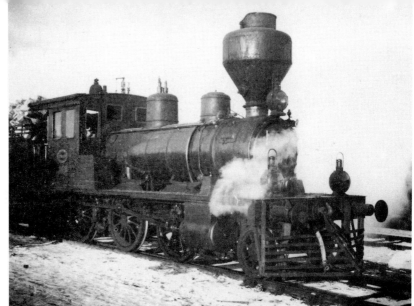

G6 208 in Kemi.
Foto E. Schörner (16. 10. 1941)

G7 244 in Rovaniemi. Man erkennt
an der Vorderfront des Führerstands
die Tür, die aufs Umlaufblech führt.
Foto E. Schörner (29. 6. 1941)

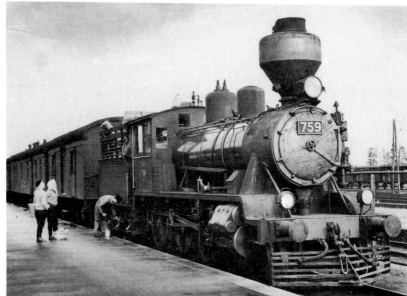

Hv 4 759 in Kemi mit einem Schnellzug nach Helsinki.
Foto W. Tausche (September 1956)

61

Das auf der Rickmers-Werft, Bremerhaven, erbaute Eisenbahn-Güterfährschiff RAILSHIP (5322 BRT, 7096 tdw) ist 150 m lang und 22 m breit. Es erreicht 20,5 Knoten. Als es am 15. Februar 1975 den Verkehr zwischen Travemünde und Hanko aufnahm, war es das größte derartige Schiff. Seit Herbst 1978 laufen auf der Route Warna–Odessa (Iljitschowsk) die größten Eisenbahntrajekte, die nach den Erfahrungen mit RAILSHIP konstruiert wurden, aber dessen Motorleistung nicht erreichen. Der Skizzenteil zeigt auf Seite 191 den RAILSHIP-Waggon Type Habs mit seiner 6 m breiten Alu-Schiebewand auf jeder Seite. Die Gesellschaft beförderte 1976 210.000 t, 1977 264.000 t (= 6889 Waggons). Das untere Bild zeigt die Fähre RAILSHIP in Hanko (siehe Seite 33), wo in der 60 m langen, winterfesten Halle (im Hintergrund) die Umspurung beginnt, sobald die Fähre entladen ist. Die Normalspurwagen warten bereits auf die Verladung, sodaß die Schiffsliegezeit möglichst kurz ist.

Die Lokomotive Nr. 293

Das Foto auf Seite 89 oben wurde am 5. 6. 1957 in Hyvinkää aufgenommen. Kurz danach, am 13. 6. 1957, schenkten die VR die 1900 von Baldwin erbaute 2C Nr. 293 der Sowjetunion, welche sie im Finnischen Bahnhof von Leningrad als Denkmal aufstellte. Auf dieser Lokomotive nämlich flüchtete Lenin, nachdem ihn die provisorische Regierung zur Verhaftung ausgeschrieben hatte, als Heizer des finnischen Lokomotivführers Huge Jalawa verkleidet, am 9. 8. 1917 (alten Stils = 22. 8. 1917 neuen Stils, also nach gregorianischem Kalender) über die Grenze nach Finnland, damals einem autonomen Teil Rußlands, wo er sich leichter verbergen konnte. Auf derselben Maschine unter gleicher Tarnung kehrte er am 7. (=20.)10. 1917 illegal nach Petrograd (St. Petersburg, heute Leningrad) zurück, wo er sich die ersten Tage im Arbeiterviertel des Wiborger Bezirks versteckte und in der Folge als Kopf der Oktoberrevolution 24. bis 26. 10. = 6. bis 8. 11. 1917) die Kerenskiregierung stürzte. Dieser Sachverhalt wird oft mit der Rückkehr Lenins aus seinem Schweizer Exil durchs Deutsche Reich (in bewachtem, exterritorialem BC-Waggon nebst plombiertem Gepäckwaggon) und über Skandinavien (Saßnitz—Trelleborg—Haparanda, dann in Schlitten übers Eis nach Tornio) verwechselt (zuletzt etwa von J. H. Price in *Continental Railway Journal*, Nr. 36, Winter 1978/79, S. 339). Damals war Lenin nach der Abdankung des Zaren 15. 3. 1917, nun alle Daten neuen Stils) am 9. 4. 1917 von Zürich abgefahren und nach dem großen Umweg über Lappland mit der 30 Personen umfassenden Emigrantengruppe am 16. 4. 1917 um 23.10 Uhr im regulären Zug Nr. 12 unter Lokomotivführer Elmsted auf dem Finnischen Bahnhof in Petrograd eingetroffen, wo ihm Arbeiter und Freunde einen triumphalen Empfang bereiteten. Die Wiener Musikgruppe *Schmetterlinge* besingt in einem der politischen Lieder ihrer *Proletenpassion* auch die Lokomotive 293. Das Bild rechts oben zeigt die Lokomotive Nr. 293 am 1. Mai 1920, das darunter auf dem Finnischen Bahnhof von Leningrad im Jahre 1961. Beide Bilder sind der Broschüre von Kustschij entnommen.

Quellen:

S. S. Kustschij: *Istoritscheskij Parowos No. 293*, Leningrad 1963

M. Pearson: *Der plombierte Waggon* (englisches Original *The sealed train*), Berlin 1977 (S. 186 und 192)

A. Reisberg: *Lenin im Jahre 1917*, Berlin 1967 (S. 177 und 215)

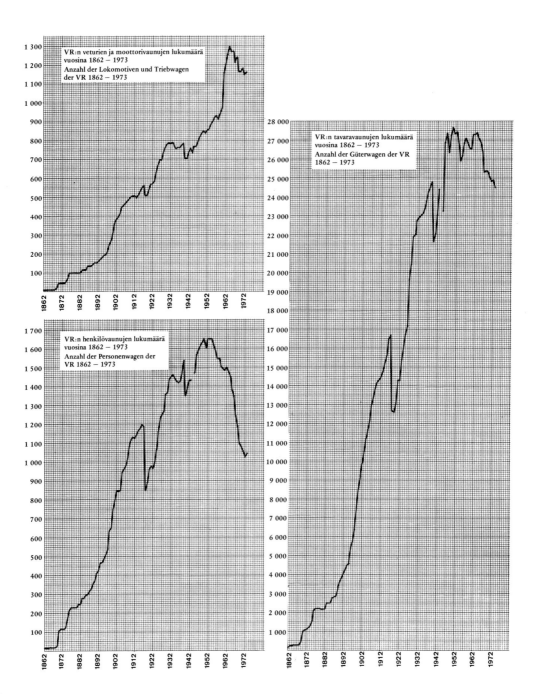

A1 1, alun perin ALUTAR, kuvattuna 1800-luvun lopulla / A1 1, ursprünglich ALUTAR benannt, Ende des vorigen Jahrhunderts.
Foto VR

A1 6, POHJA, Hämeenlinnassa joskus vuosien 1865—1868 välisenä aikana, jolloin vetureissa käytettiin yhtä aikaa nimiä ja numeroita. / A1 6, POHJA, in Hämeenlinna 1865—1868; damals trugen die Lokomotiven sowohl Namen als auch Nummern.
Foto VR

A1 3, ILMARINEN, ensimmäinen Suomessa liikkunut veturi (8, 8, 1861 välillä Helsinki—Pasila). / A1 3, ILMARINEN, die erste in Finnland gelaufene Lokomotive (am 8, 8, 1861 zwischen Helsinki und Pasila).

Foto VR

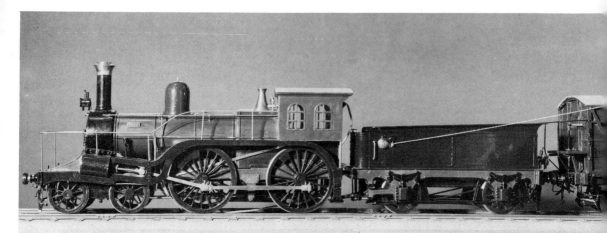

A1 4, PILVI, ensimmäinen veturi, johon asennettiin höyryjarru (1882) / A1 4, PILVI, die erste Lokomotive, die mit einer Dampfbremse versehen wurde (1882).

Foto VR

Hangon-Hyvinkään yksityisrautatien (Arnold) VON TRAPP, vuodesta 1875 valtionrautateiden A4 67. / (Arnold) VON TRAPP der Privateisenbahn Hanko—Hyvinkää, seit 1875 A4 67 der Staatsbahnen.

Foto VR

A4 66, entinen PIPPING, Hankoniemen (15. 5. 1926 alkaen Hangon) asemalla. Huomaa tsaarivallan aikainen kolmikielinen aseman nimikilpi. / A4 66, früher PIPPING, im Bahnhof Hankoniemi (seit 15. 5. 1926 Hanko). Zur Zeit des Großfürstentums war der Bahnhofsname in drei Sprachen angegeben.

Kokoelma/Sammlung Museovirasto

A3 11.   *Foto VR*

A3 226 Foto V

A5 58, toinen Suomessa rakennet
veturi. / A5 58, die zweite in Fin
land gebaute Lokomotive.
Foto Mikko Alam

A6 74, vuodesta 1888 93, Turu
joskus 1870-luvulla. / A6 74, seit 18
93, in Turku in den siebziger Jah
des vorigen Jahrhunderts. *Foto*

68

B1 56 Riihimäellä joskus 1870-luvulla.
B1 56 in Riihimäki in den siebziger Jahren des vorigen Jahrhunderts.
Foto VR

B1 9, vanhin Rautatiemuseolle kuuluvista vetureista. / B1 9, die älteste Lokomotive des finnischen Eisenbahnmuseums. *Foto Mikko Alameri*

B2 100, alun perin 301. B2 100, ursprünglich 301. *Foto VR*

C1 21.

Foto Mikko Alameri

C2 39 Oulussa noin vuonna 1900.   C2 39 in Oulu um 1900.

Foto VR

p. 71:

C2 40 Pietarin radalla joskus 1890-luvulla / C2 40 auf der St. Petersburger Bahn in den neunziger Jahren des vorigen Jahrhunderts.

Foto VR

C5 110.

Foto Mikko Alameri

C4 85, alun perin 66, tämän jälkeen 218, Kirkniemessä vuosisadan vaihteen tienoilla / C4 85, ursprünglich 66, danach 218, in Kirkniemi um 1900.

Foto VR

E 1 (vanhempi sarja) 77. Tämän sarjan molemmat veturit olivat ensimmäiset Walschaert-luistiliikuntakoneistolla varustetut ja lisäksi ainoat valtionrautateiden belgialaisvalmisteiset veturit. E 1 (ältere Reihe) 77. Die beiden Lokomotiven dieser Reihe waren die ersten mit Heusinger-Steuerung und die einzigen, die in Belgien für die finnischen Staatsbahnen gebaut wurden. *Foto VR*

Ensimmäinen juna Haminassa. Kun valtio osti Haminan yksityisrautatien vuonna 1916, sai amerikkalaisvalmisteinen veturi 1 sarjamerkin E 1 (uudempi sarja) ja numeron 74. / Der erste Zug in Hamina. Nachdem der Staat die dortige Bahn im Jahre 1916 gekauft hatte, bekam die Lokomotive Nr. 1 die Reihenbezeichnung E 1 (neuere Reihe) und Nr. 74. *Kokoelma/Sammlung Arne Boström*

Raahen yksityisrautatien amerikkalaisvalmisteinen veturi 1 Raahen asemalla. / Die Lokomotive Nr. 1 der Privateisenbahn Raahe im Bahnhof Raahe. *Kokoelma/Sammlung Raahen Museo*

Porvoon yksityisrautatien ensimmäinen englantilaisvalmisteinen tankkiveturityyppi. / Die erste (in England gebaute) Type der Privatbahn Porvoo.
Foto VR

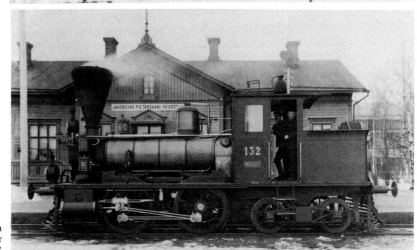

F1 132 Pietarsaaressa tsaarivallan aikoina. / F1 132 in Pietarsaari zur Zeit des Großfürstentums. *Foto VR*

F1 132. Veturiin rakennettiin myöhemmin ylikulkusillat junahenkilökuntaa varten. / F1 132. Die Lokomotive bekam später einen Übergang für das Zugpersonal.
Foto Mikko Alameri

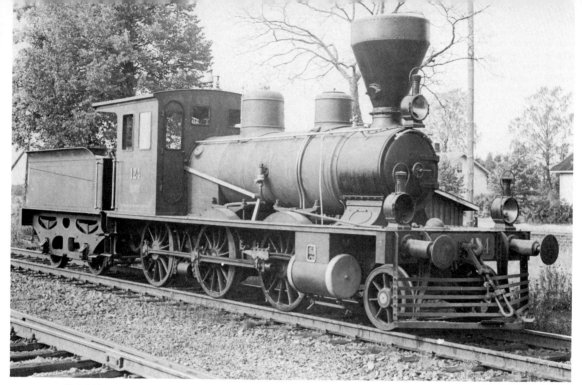

Sk1 124. *Foto Mikko Alameri*

Sk1 135 muistomerkkinä Hyvinkään konepaja-alueella. / Sk1 135 als Denkmal in der VR-Werkstätte zu
Hyvinkää. *Foto Mikko Alameri*

G9 314, ensimmäinen Tampereella rakennettu veturi, vastavalmistuneena 25. 7. 1900. / G9 314, die erste in Tampere gebaute Lokomotive, mit ihren Herstellern am 25. 7. 1900 *Kokoelma/Sammlung Mikko Alameri*

Sk1 189. *Foto VR*

Sk3 376. *Foto VR*

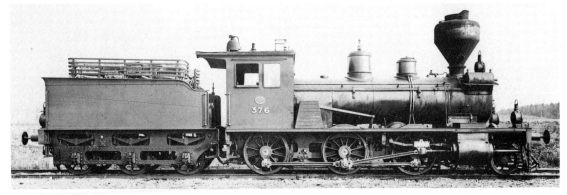

Sk2 202 Foto VR

Sk4 244 Foto VR

Sk6 256 Foto VR

76

Sk3 391 Kemijärven jääradalla. / Sk3 391 auf der Eis-Eisenbahn in Kemijärvi.   *Foto VR*

Rauman yksityisrautatien veturi 5. vuodesta 1950 VR:n Sk5 66 / Die Lokomotive Nr. 5 der Privatbahn Rauma, seit 1950 Sk5 66 der VR. *Kokoelma/Sammlung Arne Boström*

Raahen yksityisrautatien veturi 3 Raahen asemalla. Vuonna 1926 veturi siirtyi VR:lle (G12 67), vuonna 1948 Rauman yksityisrautatielle (jolla numero 6) ja vuonna 1950 takaisin VR:lle (Sk5 67). / Die Lokomotive Nr. 3 der Privatbahn Raahe im Bahnhof Raahe Im Jahre 1926 kam die Lokomotive an die VR (G12 67), im Jahre 1948 an die Privatbahn Rauma (dort Nr. 6) und von dort im Jahre 1950 zurück an die VR (Sk5 67). *Kokoelma/Sammlung Raahen Museo* *Foto VR*

Vk1 304. *Foto VR*

Vk2 455. *Foto VR*

Vk3 491. *Foto VR*

Vk4 68. VR osti veturin vuonna 1945 Pietarsaaren Selluloosa Oy:ltä. / Vk4 68. Die VR kauften diese Lokomotive von der Zellulosefabriken-AG in Pietarsaari. *Foto Mikko Alameri (Kuopio, 1. 8. 1969)*

Porvoon yksityisrautatien veturi 6, vuodesta 1917 valtionrautateiden M1 66. / Die Lokomotive Nr. 6 der Privatbahn Porvoo, seit 1917 M1 66 der Staatsbahnen. *Kokoelma/Sammlung Arne Boström*

Rauman yksityisrautatien veturi 7, vuodesta 1950 VR:n Vk5 72. / Die Lokomotive Nr. 7 der Privatbahn Rauma, seit 1950 Vk5 72 der VR. *Kokoelma/Sammlung Mikko Lumio*

Vk5 73, alun perin Rauman yksityisrautatien veturi (vuosina 1913−1948 numero 6, vuosina 1948−1950 numero 8). / Vk5 73. Ursprünglich gehörte diese Lokomotive der Privatbahn Rauma, wo sie in den Jahren 1913−1948 Nr. 6, in den Jahren 1948−1950 Nr. 8 trug. *Foto VR*

Vr1 792.   *Foto VR*

Vr1 792 sekä dieselpolttoöljyn kuljetukseen tarkoitettu tenderi. / Vr1 792 mit Tender für Heizöltransport.
Foto J. Slezak (Karjaa, 30. 7. 1962)

Vr1 666 hiilipiipulla ja 656 halkopiipulla varustettuna. / Vr1 666 mit Rauchfang für Kohlenfeuerung und 656 mit Funkenfänger für Holzfeuerung. *Foto Mikko Alameri (Kouvola, 17. 5. 1971)*

Vr2 953. *Foto VR*

Vr3 756. *Foto VR*

Vr4 1404. Vr4-sarjan veturit muutettiin 1950-luvun alkupuoliskolla rakenteellisesti sarjaksi Vr5. / Vr4 1404. Die Lokomotiven der Reihe Vr4 wurden in der ersten Hälfte der fünfziger Jahre durch Konstruktionsänderung zur Reihe Vr5 umgebaut. *Foto VR*

Vr5 1415. *Foto VR*

Tk1 289. *Foto VR*

Tk2 418. *Foto VR*

Tk3 1132. *Foto VR*

Tanskalaisvalmisteinen Tk3 1157 sekä poroja Rovaniemen veturitalleilla tammikuussa 1959. / Die in Däne-mark gebaute Tk3 1157 mit Rentieren beim Heizhaus von Rovaniemi im Jänner 1959. *Foto VR*

Tv1 691. *Foto VR*

Tv2 634. *Foto VR*

Tr1 1062 Moskovan—Helsingin pikajunan edessä Vainikkalassa. / Die Tr1 1062 mit dem Schnellzug
Moskau—Helsinki im Grenzbahnhof Vainikkala. *Foto J. Slezak (28. 7. 1962)*

Tr1 1041 varustettuna sota-aikaista halkolämmitystä varten. / Die Tr1 1041 zur Kriegszeit, für Holzfeuerung
ausgerüstet. *Foto VR*

Tr1 1096, viimeinen VR:lle rakennettu höyryveturi, lähdössä koeajolle Tampereelta 2. 12. 1957. / Tr1 1096,
die letzte Dampflokomotive der VR, bereit zur Probefahrt im Bahnhof Tampere am 2. 12. 1957. *Foto VR*

Tr2 1307. *Foto VR*

Tr2 **1318** Arolammella. / Tr2 1318 bei Arolampi (Strecke Riihimäki — Hyvinkää). *Foto VR*

Hk1 293, jolla V. I. Lenin on matkustanut. Veturi on sijoitettu muistomerkiksi Leningradin Suomen asemalle vuonna 1957. / Seit 1957 steht die Lokomotive Hk1 293, mit der W. I. Lenin 1917 nach Petrograd fuhr, als Denkmal im Finnischen Bahnhof in Leningrad. *Foto VR*

H2 313 ensimmäisen maailmansodan aikoihin Nurmen asemalla (nykyinen Lužaika). / H2 313 während des Ersten Weltkriegs im Bahnhof Nurmi (heute Lushaika, UdSSR). *Foto VR*

Hk2 443. *Foto VR*

Hk3 485.   *Foto VR*

H5 483 Ukrainassa talvella 1941/1942 Deutsche Reichsbahnin veturina. Toisen maailmansodan aikana monet VR:n veturit joutuivat Neuvostoliiton alueille. / H5 483 als Lokomotive der Deutschen Reichsbahn, Bw. Cherson, in der Ukraine im Winter 1941/1942. Der Zweite Weltkrieg verschlug zahlreiche Lokomotiven der VR in die UdSSR. *Kokoelma/Sammlung Helmut Griebl*

Hk5 512.   *Foto VR*

Hv1 549.

Foto VR

Hv1 576, toinen Lokomon rakentama veturi. / Hv1 576, die zweite von Lokomo gebaute Lokomotive.

Kokoelma/Sammlung Arne Boström

Hv2 583.

Foto J. Slezak (1. 8. 1962)

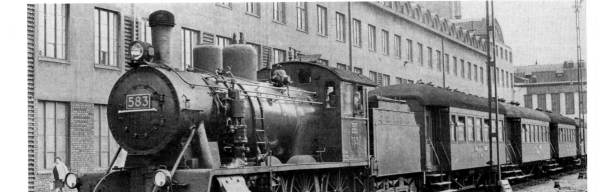

Hv2 777.

Foto VR

H9 777 Rajajoen sillan Suomen puoleisella osalla joskus ennen toista maailmansotaa. / H9 777 auf der Rajajoki-Grenzbrücke vor dem Zweiten Weltkrieg. Die finnische Hälfte der Brücke war weiß, die sowjetische rot gestrichen.

Kokoelma/Sammlung Arne Boström

Hv2 579 talvimaisemassa. / Winterstimmung mit der Hv2 579 vor einem Schnellzug

Kokoelma/Sammlung Arne Boström

Hv2 674 kesämaisemassa. / Sommerstimmung mit der Hv2 674 vor einem typisch finnischen Personenzug.

Foto VR

Hv3 782 neliakselisine tendereineen Parikkalassa Savonlinnan makuuvaunujunan numero H 805 edessä. /
Hv3 782 mit Drehgestell-Tender vor dem Nachtzug H 805 nach Savonlinna.

Foto Mikko Alameri (Parikkala, 11. 7. 1969)

Hv4 760. *Foto VR*

Hr1 1015 suurine tuulilevyineen. Hr1 1015 mit großen Windleitblechen. *Foto VR*

Hr1 1020 pienine tuulilevyineen. Hr1 1020 mit kleinen Windleitblechen. *Foto VR*

Hr3 1914. Kaikki Hr2 ja Hr3-sarjojen veturit hankittiin käytettyinä Ruotsista SJ:ltä toisen maailmansodan aikana ja muutettiin leveäraiteisiksi. / Hr3 1914 Alle Lokomotiven der Reihen Hr2 und Hr3 wurden im Zweiten Weltkrieg von den SJ gekauft und für Breitspur umgebaut. *Foto VR*

Pr1 771 Helsingissä paikallisjunan edessä. / Pr1 771 vor einem Lokalzug im Hauptbahnhof Helsinki.
Foto Mikko Alameri (30. 1. 1967)

Pr1 766 sekä tyypillinen paikallisjuna Helsingin–Pasilan välillä. / Pr1 766 mit einem typischen Lokalzug zwischen Helsinki Hauptbahnhof und Pasila. *Foto J. Slezak (3. 8. 1962)*

Pr2 1802. *Foto VR*

VR:n ensimmäinen moottoriveturityyppi. Vk11 102 Siurossa 1930-luvulla. / Die erste Motorlokomotivtype der VR. Vk11 102 in Siuro (Strecke Tampere – Peipohja) in den dreißiger Jahren. *Foto Lokomo*

Vk13 106. *Foto Mikko Alameri (Tampere, 3. 11. 1967)*

Vv11 107. *Foto Mikko Alameri (Turku, 28. 4. 1973)*

Vv12 1701. *Foto VR*

Vv13 1754 vihreäksi maalattuna Haaparannassa leveäraiteisella suomalaisradalla. / Vv13 1754 grün gestrichen in Haparanda (Schweden) auf dem finnischen Breitspurbahnhof. *Foto Mikko Alameri (22. 7. 1969)*

Vv13 1768 punavalkoisin värein Pietarsaaressa. Kuvassa näkyvä makuuvaunu liitetään Pännäisissä Helsinkiin menevään yöjunaan. Vv13 1768 rotweiß gestrichen in Pietarsaari. Der Schlafwagen wird nach Pännäinen geführt, von wo der Wagen mit dem Nachtschnellzug nach Helsinki rollt. *Foto Mikko Alameri (3. 7. 1969)*

Vv15 1984.   *Foto VR*

Vv16 2038.   *Foto VR*

Vr11 1804 Helsingin paikallisliikenteessä. Tämän sarjan veturit maalattiin alun perin keltavihrein värein. / Vr11 1804 mit Lokalzug im Hauptbahnhof Helsinki. Die Lokomotiven dieser Reihe wurden ursprünglich grüngelb gestrichen. *Foto Rolf Alameri (1958)*

Vr11 1818 punavalkoiseksi maalattuna. / Vr11 1818 rotweiß gestrichen. *Foto VR*

VR:n uusin vaihtoveturityyppi Vr12 1851. Veturit on varustettu automaattisella vaihtotyökytkimellä sekä venäläisellä SA-3-automaattikytkimellä. / Die neueste Lokomotivtype der VR für schwere Rangierarbeit, Vr12 1851. Die Lokomotiven sind mit automatischer Rangierkupplung und mit der russischen automatischen SA-3-Kupplung versehen. *Foto Lokomo*

Sv11 1703, sarjansa ainoa edustaja. / Sv11 1703, die einzige Lokomotive dieser Reihe.   *Foto VR*

Sv12 2538.   *Foto VR*

Sv12 2543 sekä Ome-sarjan malminkuljetusvaunuja / Sv12 2543 mit Erztransportwagen der Reihe Ome.
Foto Mikko Alameri (Ylivieska, 21. 7. 1969)

Sr12 2702. Foto VR

Sr12 2733 ja 2730 sekä Hr12 2210. / Sr12 2733 und 2730 und Hr12 2210.
Foto Mikko Alameri (Tampere, 15. 5. 1973)

Hr12 2237 sekä Hr13 2348 Helsingin asemalla. / Hr12 2237 und Hr13 2348 im Hauptbahnhof Helsinki.
Foto Mikko Alameri (7. 7. 1969)

Hr11 1951 vastavalmistuneena Valmetin lentokonetehtaalla Tampereella. / Die funkelnagelneue Hr11 1951 in den Valmet-Werken in Tampere. *Foto VR*

Hr12 2201. *Foto VR*

Hr13 2301, joka rakennettiin Ranskassa. / Hr13 2301, ein französisches Erzeugnis. *Foto Mikko Alameri (Kouvola, 17. 5. 1971)*

Tampellan valmistama KISKO-KALLE-raidetraktori. / SCHIENE-KARL-Lokomotor, gebaut mit westdeutscher Lizenz von Tampella.
Foto VR

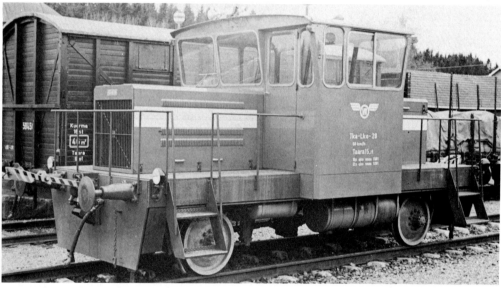

Sisu-merkkinen vaihtotyörata-auto. / Kleinlokomotive, hergestellt von Oy Suomen Autoteollisuus Ab.
Foto Mikko Alameri (Kausala, 16. 5. 1969)

Saalasti-merkkinen ratatyövaunu. / Arbeitswagen, von Saalasti gebaut.
Foto Mikko Alameri (Kirkkonummi, 20. 5. 1973)

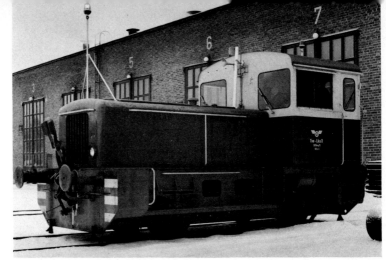

Saalastin valmistama Otso I-tyyppinen pienveturi, johon asennettiin laitteet radio-ohjausta varten. Ensi kerran tämä veturi liikkui radio-ohjattuna 18.12.1963. / Die Kleinlokomotive der Type Otso I, gebaut von Saalasti, wurde mit Ausrüstung für Funksteuerung versehen. Zum ersten Mal wurde diese Lokomotive am 18.12.1963 mit Funk gesteuert. *Foto VR*

Suomen nyttemmin ainoan leveäraiteisen yksityisrautatien, Karhulan—Sunilan Rautatie Oy:n, MOVE-90-tyyppinen Valmetin rakentama veturi. / Heute gibt es in Finnland nur eine breitspurige Privatbahn, die Eisenbahn-AG Karhula—Sunila (Karhulan—Sunilan Rautatie Oy). Ihr gehört die Lokomotive der Type MOVE-90, hergestellt von Valmet. *Foto Mikko Alameri (Kymi, 4.1.1973)*

Sr1 3001, VR:n ensimmäinen sähköveturi Helsingin asemalla 10.10.1973. / Sr1 3001, die erste Elektro-lokomotive der VR, im Hauptbahnhof Helsinki am 10.10.1973. *Foto VR*

VR:n vuokraamat dieselveturit / Diesellokomotiven, welche die VR gemietet haben

Ruotsalainen NOHAB-veturi Helsingin asemalla. / Die schwedische NOHAB-Lokomotive im Hauptbahnhof Helsinki. *Foto Mikko Alameri (1959)*

Itävaltalaisen Jenbacher Werke AG:n veturi, joka on nyttemmin yksityisomistuksessa Suomessa. / Diese Lokomotive, von der österreichischen Jenbacher Werke AG erbaut, befindet sich nunmehr in Finnland in Privatbesitz. *Foto Mikko Alameri (Kirkkonummi, 20. 5. 1973)*

Länsisaksalainen MaK-linjaveturi. / MaK-Streckendienstlokomotive aus der Bundesrepublik Deutschland.

Foto VR

Länsisaksalainen MaK-vaihtoveturi. / MaK-Rangierlokomotive aus der Bundesrepublik Deutschland.*Foto VR*

Suomen ensimmäinen leveäraiteisen rautatien moottorivaunuyksikkö. Kuvassa Raahen yksityisrautatietä varten rakennettujen vaunujen tarkastustilaisuus Tampereella 9. 7. 1925. / Die erste Triebwageneinheit für Breitspurbahnen in Finnland. Im Bild der Benzoltriebwagen für die Privatbahn Raahe nach der Lieferung in Tampere am 9. 7. 1925.   *Foto Hämeen Valokuvaamo*
Kokoelma/Sammlung Otavan kuva-arkisto

Turun–Naantalin välillä vuonna 1928 liikenteen aloittanut dieselsähkömoottorivaunu Ds1 1. / Im Jahre 1928 begannen die VR den Triebwagenbetrieb zwischen Turku und Naantali mit dem dieselelektrischen Triebwagen Ds1 1.   *Kokoelma/Sammlung Otavan kuva-arkisto*

Ensimmäinen kokonaisuudessaan Suomessa rakennettu moottorivaunu Ds3 12 koeajolla toukokuussa 1934. /
Der erste völlig in Finnland gebaute Triebwagen Ds3 12 auf der Probefahrt im Mai 1934. *Foto Aarne Pietinen*

Dm2 15 vuodelta 1936. / Dm2 15 von 1936.   *Foto VR*

VR:n ensimmäinen bensiinimoottorivaunu Bm1 2 Helsingin asemalla vuonna 1928 / Der erste Benzoltriebwagen der VR, Bm1 2 im Hauptbahnhof Helsinki im Jahre 1928. *Kokoelma/Sammlung Otavan kuva-arkisto*

Ruotsalaisvalmisteinen bensiinimoottorivaunu Bm3 21 vuodelta 1939 Raahen asemalla. Kuvassa tämän
kirjan kirjoittaja. / Der in Schweden im Jahre 1939 gebaute Benzoltriebwagen Bm3 21 im Bahnhof Raahe.
Im Bild der Autor dieses Buches. *Foto Rolf Alameri (27. 6. 1956)*

Dm3 1500 vuodelta 1952, ensimmäinen toisen maailmansodan jälkeen rakennettu kevytmetallinen diesel-moottorivaunu. / Dm3 1500 vom Jahre 1952, der erste Leichtmetallkasten-Dieseltriebwagen der Nachkriegszeit. *Foto VR*

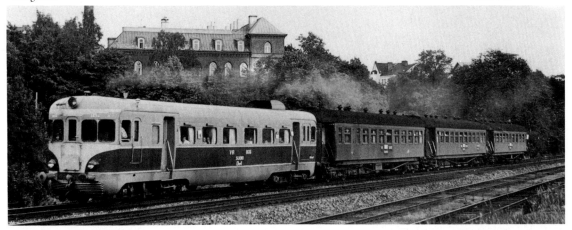

Dm4 1615 moottoripikajunaa vetämässä Helsingin–Pasilan välillä. / Dm4 1615 im Schnellzugsdienst zwischen Helsinki und Pasila. *Foto J. Slezak (3. 8. 1962)*

Kaksinkertainen kiitojuna Helsingin asemalla: Kaksi Dm4-sarjan moottorivaunua perässään kaksi kiitojunarunkoa, jotka koostuvat lyhytkytkennällä toisiinsa liitetyistä KEi-, KEis- ja KCik-sarjan kevytmetallisista vaunuista. / Zwei Dm4-Dieseltriebwagen mit zwei kurzgekuppelten Dreiwageneinheiten aus Leichtmetall als Expreßzug im Hauptbahnhof Helsinki. *Foto Mikko Alameri (1962)*

Dm7 4200 Svenska Järnvägsklubbenin erikoisjunana Tornion – Äkäsjoen malmiradalla Kolarin vaiheilla. / Dm7 4200 als Sonderzug des Schwedischen Eisenbahnklubs (SJK) auf der Äkäsjoki-Bahn bei Kolari.
Foto Mikko Alameri (14 7 1971)

Kolme Dm7-sarjan moottorivaunua (numerot 4145–4147) muutettiin vuonna 1971 DmG7-sarjan kiitotavara-moottorivaunuiksi. Kuvassa DmG7 4146. / Im Jahre 1971 wurden drei Triebwagen der Reihe Dm7 zu Expreßguttriebwagen der Reihe DmG7 umgebaut. Auf dem Bild DmG7 4146.
Foto Mikko Alameri (Helsinki, 18 5 1971)

p. 113:
Helsingin lähiliikenteen kolme sukupolvea / Die drei Generationen des Lokalverkehrs von Helsinki

Höyryvetoinen (Pr1 762) lähiliikennejuna Linnunlaulun leikkauksessa saapumassa Helsinkiin. / Die Ära der Dampflokomotive: Pr1 762 mit einem Lokalzug zwischen Pasila und Helsinki Hauptbahnhof.
Foto J. Slezak (1 8 1962)

Dm7-moottorivaunuista sekä EFiab-sarjan liitevaunuista koostuva lähiliikennejuna rantaradalla Pasilassa.
Lokalzug, bestehend aus Dm7-Triebwagen und EFiab-Beiwagen, auf der Küstenbahn in Pasila. *Foto VR*

Kaksivaunuinen sähkömoottorijunayksikkö (moottorivaunu Sm1 6021 + ohjausvaunu Eio 6221) Helsingin asemalla. / Elektrotriebzug, bestehend aus Triebwagen Sm1 6021 und Steuerwagen Eio 6221, im Hauptbahnhof Helsinki.
Foto Mikko Alameri (23 5 1971)

Kaukoliikenteen dieselmoottorijunayksikkö Helsingin asemalla. Yksikkö koostuu kahdesta Dm8-sarjan moottorivaunusta sekä CEikv-sarjan välivaunusta. / Dieseltriebwageneinheit für den Fernverkehr im Hauptbahnhof Helsinki. Die Einheit besteht aus zwei Triebwagen der Reihe Dm8 und einem Beiwagen der Reihe CEikv.   *Foto Mikko Alameri (22. 4. 1973)*

Kaksi Dm9-sarjan kolmivaunuista dieselmoottorijunayksikköä Helsinki-päivän erikoisjunana 12. 6. 1966 Kauppatorilla. / Zwei Dieseltriebwageneinheiten der Reihe Dm9 als Sonderzug des 'Helsinki-Tages' am 12. 6. 1966 auf der Hafenbahn am Marktplatz Kauppatori.   *Foto Mikko Alameri*

Loviisan radan kapearaideveturi numero 11 Loviisan veturitalleilla. Veturi kuului vuosina 1959–1960 VR:lle. / Die Schmalspurlokomotive Nr. 11 beim Heizhaus Loviisa. Die Lokomotive gehörte 1959–1960 zum VR-Bestand; dann wurde die Bahn auf Breitspur umgebaut. *Kokoelma/Sammlung Reino Kalliomäki*

JFR:n ensimmäinen bensiinimoottorivaunu matkalla Pasilan konepajalta Humppilaan. / Der erste Benzoltriebwagen der Privatbahn Forssa—Humppila auf dem Weg von der VR-Werkstätte Pasila nach Humppila.
Foto Wolfgang Heine (1930)

Veturi numero 4 (Tubize) Forssan asemalla 1940-luvun lopulla. / Die Lokomotive Nummer 4 (Tubize)
im Bahnhof Forssa Ende der vierziger Jahre. *Kokoelma / Sammlung Ilkka Hovi*

JFR:n tavarajuna välillä Jokioinen–Minkiö. Junan viimeiset kaksi lavettivaunua kuljettavat VR:n tavara-
vaunuja. / Güterzug auf der Privatbahn Forssa–Humppila zwischen den Bahnhöfen Jokioinen und Minkiö.
Die letzten zwei Rollwagen tragen Güterwagen der VR.   *Foto Mikko Alameri (30. 7. 1973)*

Museojuna Forssan asemalla. Veturi numero 5 kuului alun perin Hyvinkään–Karkkilan rautatielle. / Mu-
seumszug im Bahnhof Forssa. Die Lokomotive Nr. 5 gehörte ursprünglich der Eisenbahn Hyvinkää–Karkkila.
Foto Mikko Alameri (21. 8. 1971)

Toisen maailmansodan aikana VR joutui käyttämään liikenteessään myös vallattuja neuvostoliittolaisia vetureita. Pitkäranta 18. 7. 1941. / Im Zweiten Weltkrieg verwendeten die VR eroberte sowjetische Lokomotiven. Pitkäranta in Finnisch-Karelien am 18. 7. 1941.

Foto SA-kuva / Lichtbildstelle des finnischen Generalstabs

Suomalaisia sotilaita tutustumassa naamioituun neuvostoliittolaiseen veturiin Suojärvellä. / Finnische Soldaten besichtigen eine getarnte sowjetische Lokomotive in Suojärvi, Finnisch-Karelien.

Foto SA-kuva / Lichtbildstelle des finnischen Generalstabs

Neuvostoliittolaisia vetureita Pitkässärannassa 18.7.1941 / Sowjetische Lokomotiven in Pitkäranta, Finnisch-Karelien, am 18. 7. 1941.
Foto SA-kuva / Lichtbildstelle des finnischen Generalstabs

Sotatoimikalusto sai VR:llä omat sarja-ja numeromerkinnät. Kuvassa A1-sarjan (vuosina 1942—1945 Tr2) veturi numero 2009. / Das provisorische Rollmaterial bekam bei den VR eigene Reihen- und Nummern-bezeichnungen. Im Bild die Lokomotive 2009 der Reihe A1 (in den Jahren 1942—1945 Tr2).
Foto SA-kuva / Lichtbildstelle des finnischen Generalstabs

Suomalaisten joukkojen käyttämä kapearaiteinen rautatie Etelä—Aunuksessa. (15. 5. 1942) / Von finnischen Truppen benützte Schmalspurbahn in Olonez (UdSSR). (15. 5. 1942)

Foto SA-kuva / Lichtbildstelle des finnischen Generalstabs

Vuosina 1947—1956 Porkkalan vuokra-alueen läpi kulkevien matkustajajunien ikkunat oli peitettävä luukuin. Kuvassa juna Kauklahden asemalla lähtövalmiina kohti 'Suomen pisimmän tunnelin' toista päätä Tähtelää. / In den Jahren 1947 bis 1956 rollten die Schnellzüge Helsinki—Turku durch das an die Sowjetunion verpachtete Porkkala-Gebiet mit verschlossenen Fensterläden von Kauklahti (im Bild) nach Tähtelä. Diese Strecke wurde als 'der längste Tunnel Finnlands' bezeichnet *Foto VR*

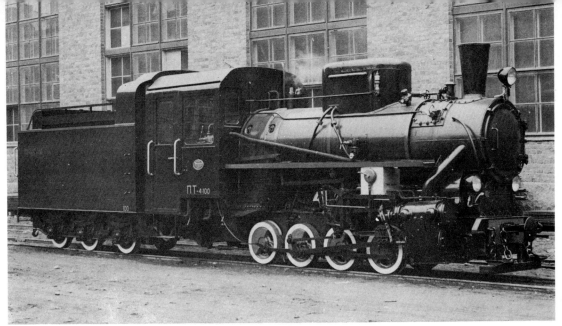

ПТ-4-sarjan sotakorvausveturi numero 100 vastavalmistuneena Tampellan pihalla / Die Kriegsentschädigungs-lokomotive ПТ-4 Nr. 100, von Tampella geliefert. *Foto Martta Terävä (1947)*

ПТ-4-sarjan sotakorvausvetureita sekä VR:n Hr1 1007 Lokomon pihalla. / Kriegsentschädigungslokomotiven der Reihe ПТ-4 und die Hr1 1007 der VR im Lokomo-Werk. *Foto Lokomo (1948)*

Tukholman junalautta m/s TRELLEBORG Värtanista on saapunut Naantaliin. Järjestelytyöt Naantalin normaaliraiteisella raiteistolla suorittaa SJ:n Z65-sarjan vaihtoveturi. / Das Eisenbahnfährschiff TRELLE-BORG aus Stockholm (Värtan-Hafen) ist in Naantali gelandet. Die Lokomotive der Reihe Z65 der SJ schleppt die Güterwagen auf die Normalspur in Naantali.   *Foto Mikko Alameri (30. 7. 1973)*

p. 122:

'Kaksiraiteinen' Tornion–Haaparannan rataosuus. Leveäraiteinen vaihteesta vasemmalle kaartava rata johtaa Tornion ulkosatamaan Röyttään. / Die Doppelspurstrecke zwischen Tornio (Finnland) und Haparanda (Schweden). Die Breitspur nach links führt nach Röyttä, dem Außenhafen der Stadt Tornio.
Foto Mikko Alameri (22. 7. 1969)

Rautatiesilta Tornionjoen yli Ruotsin puolelta katsottuna. / Die Eisenbahnbrücke über den Grenzfluß Torne älv/Tornionjoki, von Schweden aus gesehen; im Hintergrund das finnische Ufer.
Foto Mikko Alameri (22. 7. 1969)

Leveäraiteisen (vasemmalta oikealle) ja normaaliraiteisen (oikealta vasemmalle) radan risteys Haaparannan ratapihan itäpäässä; taustalla Tornionjoen ylittävä silta. / Die Kreuzung des breitspurigen (von links) und des normalspurigen (von rechts) Gleises am östlichen Ende des Bahnhofs Haparanda. Im Hintergrund die Brücke über den Tornionjoki.   *Foto Mikko Alameri (22. 7. 1969)*

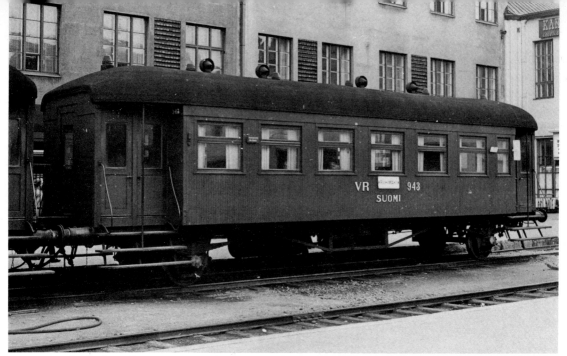

Kaksiakselinen E-sarjan vaunu 943 edustaa Helsingin paikallisliikenteen tyypillisintä vaunustoa 1920-luvun puolivälistä aina 1960-luvun puoliväliin saakka / Der zweiachsige Personenwagen 943 der Reihe E repräsentiert jene Wagentype, die den Lokalverkehr Helsinkis von Mitte der zwanziger Jahre bis Mitte der sechziger Jahre beherrschte. *Foto J. Slezak (31. 7. 1962)*

Ei-sarjan puukorinen, mutta sisustukseltaan uusittu lähiliikenteen vaunu numero 22330 Helsingin asemalla. / Holzkastenwagen der Reihe Ei, Nr. 22330 mit neuer Einrichtung für den Lokalverkehr auf der Strecke Helsinki—Riihimäki im Hauptbahnhof Helsinki. *Foto Mikko Alameri (5. 9. 1972)*

Ensimmäiset teräsrunkoiset matkustajavaunut tulivat liikenteeseen vuonna 1961. Kuvassa toisen luokan Eit-sarjan vaunu numero 23091 / Die ersten Großraum-Stahlkastenwagen wurden 1961 in Dienst gestellt. Auf dem Bild ein Wagen zweiter Klasse, Reihe Eit, Nr. 23091   *Foto Mikko Alameri (Helsinki, 5. 4. 1973)*

Ensimmäiset teräsrunkoiset Cht-sarjan ensimmäisen luokan hyttivaunut asetettiin liikenteeseen vuonna 1972, kuvassa vaunu numero 2364. / Stahlkasten-Abteilwagen der ersten Klasse werden seit 1972 verwendet. Auf dem Bild der Wagen 2364 der Reihe Cht.   *Foto Mikko Alameri (5. 4. 1973)*

Kansainvälinen Makuuvaunuyhtiö aloitti toimintansa Suomessa 29. 5. 1912 välillä Helsinki–Pietari. Yhtiön lopetettua toimintansa maassamme siirtyivät ravintolavaunut 1. 11. 1959 Suomen Ravintolavaunu Oy:n omistukseen. Kuvassa vaunu numero 2012 Helsingin asemalla lähdössä Imatralle / Am 29. 5. 1912 begann die Internationale Schlafwagengesellschaft ihre Tätigkeit in Finnland auf der Strecke Helsinki–St. Petersburg. Als die ISG ihre Wirksamkeit im Jahre 1959 beendete, ging ihr Speisewagenpark auf die Finnische Speisewagengesellschaft (Suomen Ravintolavaunu Oy) über (1. 11. 1959). Im Bild ein Speisewagen, noch mit der alten ISG-Nr. 2012, vor der Abfahrt von Helsinki nach Imatra. *Foto J. Slezak (31. 7. 1962)*

Sisäkuva Kansainvälisen Makuuvaunuyhtiön ravintolavaunusta 1910-luvulta. / Innenansicht eines ISG-Speisewagens von der Strecke Helsinki–St. Petersburg vor dem Ersten Weltkrieg. *Foto VR*

Ensimmäinen Rt-sarjan ravintolavaunu numero 23701 aloitti liikenteen vuonna 1972. / Der erste Speisewagen der Reihe Rt, Nr. 23701, wurde 1972 in Dienst gestellt   *Foto Mikko Alameri (5. 7. 1972)*

CEmt-sarjan makuuvaunuja Helsingin asemalla. Ensimmäiset tämän sarjan vaunut tulivat liikenteeseen
vuonna 1970. / Schlafwagen der Reihe CEmt im Hauptbahnhof Helsinki. Die ersten Wagen dieser Stahl-
kastenart verkehrten 1970.   *Foto Mikko Alameri (14. 5. 1971)*

Turun raitiotiet / Straßenbahn Turku

Suomen ensimmäinen raitiotie. Hevosraitiovaunu Linnankadulla vuonna 1891. / Die erste Straßenbahn in Finnland. Der Pferdestraßenbahnwagen auf der Linnankatu im Jahre 1891. Im Hintergrund der Dom zu Turku.

Foto Ståhlberg
Kokoelma/Sammlung Turun kaupungin historiallinen museo

Sähköraitiotien moottorivaunut numerot 2 ja 8 Aurakadun ja Linnankadun risteyksessä. / Elektrische Straßenbahnwagen Nr. 2 und 8 an der Ecke Aurakatu/Linnankatu. *Kokoelma/Sammlung Mikko Alameri*

Turkulaisvaunu numero 15 (linjalla 3) takanaan Helsingistä vuokrattu HRO:n vaunu (linjalla 2) Aurakadulla. /
Der gelbe Turkuer Triebwagen 15 (Linie 3) und ein grüner, aus Helsinki gemieteter Triebwagen (Linie 2) auf
der Aurakatu.   *Foto Fred Runeberg (n./ca. 1935)*

Moottorivaunu numero 23 (linjalla 3) Stålarminkadulla. / Triebwagen 23 (Linie 3) auf der Stålarminkatu.
                                                                 Foto Mikko Alameri (20. 5. 1971)

Vuonna 1956 rakennettiin Turun ainoat neliakseliset moottorivaunut. Kuvassa vaunu numero 53 linjan 1 läntisessä päätepisteessä Kanavaniemessä. / Im Jahre 1956 wurden die einzigen vierachsigen Triebwagen für Turku gebaut. Auf dem Bild Wagen 53 (Linie 1) in Kanavaniemi.   *Foto Mikko Alameri (2. 10. 1966)*

Turun raitiovaunuliikenteen loppu: moottorivaunu numero 38 viimeisellä matkallaan linjalla 3. / Das Ende des Straßenbahnverkehrs in Turku: Der Triebwagen 38 auf seiner letzten Fahrt auf der Linie 3.   *Foto Mikko Alameri (1. 10. 1972)*

Helsingin ja sen ympäristön raitiotiet / Straßenbahnen in Helsinki und Umgebung

Helsingin hevosraitioteiden kesävaunu numero 18 Pohjoisella Espanadikadulla viime vuosisadan lopulla. / Sommerwagen Nr. 18 der Pferdetramway Helsinki auf der Pohjoinen Esplanadikatu zu Ende des vorigen Jahrhunderts. *Foto Ester Heikel*
Kokoelma/Sammlung Helsingin kaupunginmuseo

HRO:n sähkömoottorivaunu numero 9 Töölön varikolla / Triebwagen 9 der HRO in der Remise Töölö.
Foto Roos
Kokoelma/Sammlung Helsingin kaupunginmuseo

Kulosaaren raitiovaunulautta matkalla Sörnäisten niemelle. / Der Straßenbahntrajekt von der Insel Kulosaari nach Sörnäinen (Helsinki).

Foto V. Hägglund (1910–1915)
Kokoelma/Sammlung Museovirasto

Tilkanmäki. HRO:n vaunu numero 106 (linjalla M) matkalla Munkkiniemestä kaupungin keskustaan. Vaihteesta vasemmalle erkaneva raitiotie johtaa Haagaan. / Ursprünglich private Straßenbahn bei Tilkanmäki. Wagen Nr. 106 der HRO auf der Linie M von Munkkiniemi zur Stadt. Links die Bahn nach Haaga.

Foto Roos (13. 7. 1934)
Kokoelma/Sammlung Helsingin kaupunginmuseo

Suomen viimeinen hevosraitiotie Lauttasaaressa joskus 1910-luvulla. / Die letzte Pferdestraßenbahn in Finnland, Lauttasaari um 1910. *Kokoelma/Sammlung Helsingin kaupunginmuseo*

Moottorivaunu numero 126 sekä perävaunu numero 331 (vuodesta 1945 numero 681) linjalla 3 Erottajan-mäessä. / Triebwagen Nr. 126 mit Beiwagen Nr. 331 (seit 1945 Nr. 681) auf der Linie 3 in Erottajanmäki.

Foto K. Havas (n./ca. 1935)
Kokoelma/Sammlung Helsingin kaupunginmuseo

Kulosaaren (ruotsiksi Brändö) moottorivaunu numero 2 vastavalmistuneena ASEA:n tehtailla Västeråsissa. / Der Triebwagen für Kulosaari (schwedisch: Brändö) im Originalzustand beim ASEA-Werk Västerås, Schweden. *Foto ASEA*

HKL:n museovaunut numerot 19 ja 615 Salmisaaressa. / Die Museumswagen Nr. 19 und 615 in Salmisaari (Kehrschleife der heutigen Linie 8). *Foto Martti Pimiä (17. 1. 1971)*

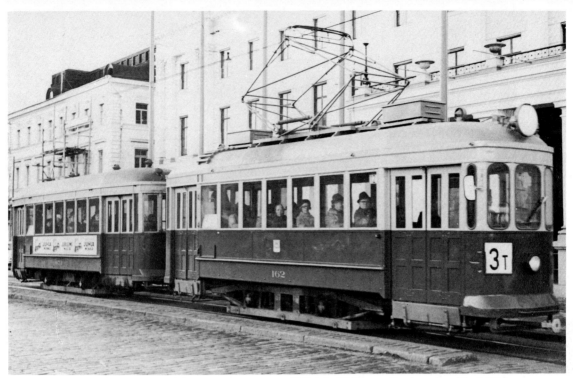

HKL:n moottorivaunu numero 162 ja perävaunu numero 673 linjalla 3T Kaupungintalon edustalla. / Triebwagen 162 und Beiwagen 673 auf der Linie 3T vor dem Rathaus.   *Foto Mikko Alameri (29. 10. 1970)*

HKL:n moottorivaunu numero 201 ja perävaunu numero 765 Suomen Raitiotieseura ry:n tilausajolla Salmisaaren radalla. / Sonderzug des Finnischen Straßenbahnvereins mit Triebwagen 201 und Beiwagen 765 auf der Salmisaari-Strecke, der nunmehr einzigen eingleisigen Straßenbahnstrecke Helsinkis.

Foto Mikko Alameri (27. 5. 1973)

HKL:n moottorivaunu numero 185 Vallilan varikolla   Triebwagen 185 in der Remise Vallila.
Foto Mikko Alameri (20. 4. 1973)

HKL:n moottorivaunu numero 308 linjalla 8 Salmisaaressa. / Triebwagen 308 auf der Linie 8 in Salmisaari. *Foto Mikko Alameri (15. 5. 1971)*

HKL:n moottorivaunu numero 343 linjalla 1 Snellmaninkadulla. / Triebwagen 343 auf der Linie 1 in der Snellmaninkatu. *Foto Mikko Alameri (27. 5. 1973)*

HKL:n moottorivaunu numero 25 ja perävaunu numero 513 linjalla 6 Mannerheimintiellä. / Triebwagen 25 und Beiwagen 513 auf der Linie 6 in der Mannerheimintie. *Foto Mikko Alameri (27. 4. 1971)*

Hakaniementorin raitiovaunupysäkki 1930-luvulla ja 1970-luvulla. / Die Straßenbahnhaltestelle Hakaniemi-Markt in den dreißiger und in den siebziger Jahren.
Foto Roos
Kokoelma/Sammlung Helsingin kaupunginmuseo
Foto Mikko Alameri (21. 5. 1973)

Suomen ensimmäiset nivelraitiovaunut asetettiin liikenteeseen linjalle 10 joulukuussa 1973. HKL:n vaunu numero 35 Mannerheimintien ja Kaivokadun risteyksessä. / Die ersten Gelenkstraßenbahnwagen Finnlands wurden im Dezember 1973 auf der Linie 10 in Betrieb genommen. Wagen 35 in der Mannerheimintie, Ecke Kaivokatu.   *Foto Mikko Alameri (20. 12. 1973)*

Helsingin metron ensimmäinen kuusivaunuinen koejuna Roihupellon varikkoraiteella. / Der erste Sechs-wagenprobezug der U-Bahn von Helsinki auf der Brücke zur Remise Roihupelto.   *Foto Seppo Saves*
Kokoelma/Sammlung Helsingin kaupungin metrotoimisto

Viipurin raitiotiet / Straßenbahn Viipuri

Moottorivaunu numero 7 sekä perävaunu Torkkel-Knuutinpojantorilla päävartion edessä maailmansotien välisenä aikana. Taustalla Viipurin linna. / Triebwagen 7 mit Beiwagen am Torkkel-Knuutinpojantori vor der Hauptwache zwischen den beiden Weltkriegen. Im Hintergrund das Schloß, dessen Bau 1293 begann.

Kokoelma/Sammlung Museovirasto

Neuvostoliittolaisten punaisiksi maalaamia raitiovaunuja Viipurin raunioiden keskellä liikenteen jälleen käynnistyttyä suomalaisten toimesta. / Die Finnen haben 1941 Viipuri zurückerobert. Die Straßenbahnwagen, die in der Zwischenzeit rot gestrichen worden sind, rollen wieder.

Foto SA-kuva (27 4 1943) / Lichtbildstelle des finnischen Generalstabs

Tampereen johdinautot / Obus Tampere

TKL:n johdinauto numero 2 linjalla 1 Härmälässä Valmetin lentokonetehtaan edustalla vuonna 1948. / Obus Nr. 2 in Härmälä (Linie 1) im Jahre 1948.

Kokoelma/Sammlung Aamulehden kuva-arkisto

TKL:n uudelleen rakennettu johdinauto numero 2 linjalla 25 Tampereen rautatieaseman edustalla. Vuodesta 1967 lukien tämä johdinauto on ollut Suomen vanhin. / Der umgebaute Obus Nr. 2 vor dem Hauptbahnhof Tampere (Linie 25). Seit 1967 ist er der älteste Obus, der in Finnland in Betrieb steht.

Foto Mikko Alameri (15. 5. 1973)

TKL:n johdinauto numero 11 linjalla 25 Satakunnankadulla. / Der Obus Nr. 11 auf der Satakunnankatu (Linie 25).
Foto Mikko Alameri (7. 11. 1971)

TKL:n johdinauto numero 29 linjalla 11 Pyynikintorilla. / Der Obus Nr. 29 am Pyynikintori (Linie 11).
Foto Mikko Alameri (18. 5. 1973)

Helsingin johdinautot / Obus Helsinki

HKL:n ruotsalaisvalmisteinen johdinauto numero 403 (sittemmin 603) Topeliuksenkadulla Töölön kirkon luona 1940-luvun lopussa. / Der in Schweden erzeugte Obus 403 (später 603) auf der Topeliuksenkatu bei der Kirche zu Töölö am Ende der vierziger Jahre. *Foto H. Sundström*

Kokoelma/Sammlung Helsingin kaupunginmuseo

HKL:n johdinauto numero 613 Töölöntorilla. / Obus 613 auf dem Töölöntori.

Foto Mikko Alameri (26. 4. 1973)

HKL:n johdinauto numero 617 Laivurinkadun ja Tehtaankadun risteyksessä, missä sijaitsi aikanaan joh-
dinautolinjan numero 14 eteläinen päätesilmukka. / Obus 617 bei der Ecke Laivurinkatu/Tehtaankatu.
Foto Mikko Alameri (27. 5. 1973)

Vuonna 1973 oli HKL:lla koeliikenteessä kolme neuvostoliittolaisvalmisteista Ziu-johdinautoa. Kuvassa
numero 603 Runeberginkadun ja Museokadun risteyksessä. / Im Jahre 1973 standen drei sowjetische Siu-
Obusse im Probeverkehr. Auf dem Bild Nr. 603 bei der Ecke Runeberginkatu/Museokatu.
Foto Mikko Alameri (14. 5. 1973)

TAULUKOT / TABELLEN
Tärkeitä Suomen paikkakuntia / Wichtige Orte in Finnland

Yli 20.000 asukkaan kaupungit vuonna 1973 / Städte mit über 20.000 Einwohnern (1973)

Asemannimen lyhennys Bahnamtliche Abkürzung	Kaupungin nimi suomeksi finnischer Name	Kaupungin nimi ruotsiksi schwedischer Name; Namen zweisprachiger Städte ohne Klammern, Parallelnamen einsprachiger finnischer Städte in Klammern	Perustamisvuosi Gründungsjahr	Väkiluku vuonna 1973 Einwohnerzahl (1973)		
Epo	Espoo	Esbo	1962	111.000		§
Hki	Helsinki	Helsingfors	1550	505.000	E	
Hy	Hyvinkää	(Hyvinge)	1926	36.000	K	+
Hl	Hämeenlinna	(Tavastehus)	1638	40.000		
Ilm	Iisalmi	–	1856	21.000	K	
Imr	Imatra	–	1948	35.000	K	
Jns	Joensuu	–	1848	39.000	K	
Jy	Jyväskylä	–	1837	60.000	K	
Khl	Karhula	–	1951	23.000	P	
Kem	Kemi	–	1869	28.000		
Kok	Kokkola	Gamlakarleby	1620	22.000		
Kta	Kotka	–	1879	34.000	E	
Kv	Kouvola	–	1923	28.000	K	+
Kuo	Kuopio	–	1782	69.000		
Kuk	Kuusankoski	–	1957	22.000		
Lh	Lahti	–	1878	93.000	K	+
Lr	Lappeenranta	(Villmanstrand)	1649	52.000	K	
Mi	Mikkeli	(St. Michel)	1838	27.000		
Noa	Nokia	–	1937	22.000		
Ol	Oulu	(Uleåborg)	1610	89.000	K	
Pri	Pori	(Björneborg)	1558	79.000		
Ra	Rauma	(Raumo)	1442	28.000	E	
Ri	Riihimäki	–	1922	23.000	K	+
Roi	Rovaniemi	–	1929	28.000		
Sl	Savonlinna	(Nyslott)	1639	28.000		
Sk	Seinäjoki	–	1931	22.000	K	+
Tpe	Tampere	(Tammerfors)	1779	164.000	K	
Tku	Turku	Åbo	ca 1229	161.000	K	
Vs	Vaasa	Vasa	1606	54.000	E	
Vi	Valkeakoski	–	1923	22.000	E	
*	Vantaa	Vanda	1972	103.000		§
Var	Varkaus	–	1929	24.000		

E samalla pääteasema / zugleich Endstation

K samalla risteysasema / zugleich Knotenpunkt

P yksityisrautatien asema / Station der Privatbahn

§ Tässä mainitut kaupungit Espoo ja Vantaa sekä (Kni) Kauniainen/Grankulla (7000 asukasta) muodostavat yhdessä Helsingin kanssa Suur-Helsingin (726.000). / Espoo und Vantaa sowie die 7000-Einwohner-Stadt (Kni) Kauniainen/Grankulla bilden zusammen mit Helsinki den Raum Groß-Helsinki (726.000 Einw.).

+ Kaupunki on syntynyt nimenomaan rautatien ansiosta. / Die Stadt verdankt ihre Entstehung ausschließlich der Eisenbahn.

* Vantaalla ei ole samannimistä asemaa, vaan keskustaajaman aseman nimi on (Tkl) Tikkurila/Dickursby. / In der Stadt Vantaa gibt es keine Station dieses Namens; der Hauptbahnhof heißt (Tkl) Tikkurila/Dickursby.

Vähintään kolmenkymmenen kilometrin pituisten rautateiden pääteasemat (E) ;
*risteysasemat, joilta erkanee vähintään kolmeen suuntaan vähintään kolmenkymmenen
kilometrin pituiset rautatiet* (K) ; *nykyisten kahden VR:n kanssa yhdysliikenteessä
olevan yksityisrautatien pääteasemat* (P) *sekä kaikki raja-asemat* (G)

Wichtige Endstationen, in denen Bahnen mit mindestens 30 km Länge enden (E) ;
*wichtige Knotenpunkte, von denen Bahnen in mindestens drei Richtungen mit je
mindestens 30 km Länge wegführen* (K) ; *Endstationen der heutigen zwei Privatbahnen mit Verbindungsverkehr zu den VR* (P) ; *sämtliche Grenzstationen* (G)

1)	2)	3)		
Fr	Forssa	–		P
Hpj	Haapajärvi	–		K
Hpk	Haapamäki	–		K
Hnk	Hanko	Hangö		E
Ha	Heinola	–		E
Hp	Humppila	–		P
Hko	Huutokoski	–		K
Ilo	Ilomantsi	–		E
Imk	Imatrankoski	–		G
Jsk	Jämsänkoski	–	z.Z.	E
Kr	Karjaa	Karis		K
Ksk	Kaskinen	Kaskö		E
Kls	Kelloselkä	–		E
Ke	Kerava	(Kervo)		K
Kon	Kontiomäki	–		K
Kst	Kristiinankaupunki	Kristinestad		E
Ky	Kymi	(Kymmene)		P
Lla	Laurila	–		K
Llh	Lielahti	–		K
Lä	Luumäki	–		K
Nnls	Naantali satama	(Nådendal hamn)		G
	(Naantali Hafen; Naantali Harbour)			
Nrl	Niirala	–		G
Ov	Orivesi	–		K
Par	Parikkala	–		K
Pko	Parkano	–		K
Pej	Peipohja	–		K
Pm	Pieksämäki	–		K
Prv	Porvoo	Borgå		E
Rra	Rautuvaara	–		E
Sij	Siilinjärvi	–		K
Si	Simola	–		K
Sä	Säkäniemi	–		K
Tlk	Taivalkoski	–		E
Tl	Toijala	–		K
Tor	Tornio	(Torneå)		K, G
Ukp	Uusikaupunki	(Nystad)		E
Vna	Vainikkala	–		G
Vl	Valko	Valkom		E
Vnj	Viinijärvi	–		K
Yv	Ylivieska	–		K
Äj	Äkäsjoki	–		E

1) Asemannimen lyhennys / Bahnamtliche Abkürzun

2) Kaupungin nimi suomeksi / finnischer Name

3) Kaupungin nimi ruotsiksi / schwedischer Name;
Namen zweisprachiger Städte ohne Klammern,
Parallelnamen einsprachiger finnischer Städte in
Klammern

Nimiä vuonna 1944 Neuvostoliitolle luovutetuilta alueilta (Tilanne 1939)

An die Sowjetunion 1944 abgetretene Orte (Stand 1939)

Kaupungit / Städte:	Käkisalmi, Sortavala, Viipuri
Pääteasemat / Endstationen:	Naistenjärvi, Rautu, Valkjärvi, Uuksu
Risteysasemat / Knotenpunkte:	Antrea, Elisenvaara, Hiitola, Jänisjärvi, Liimatta, Matkaselkä
Raja-asema / Grenzstation:	Rajajoki

Höyryveturit
Dampflokomotiven

Vanha sarja / Alte Reihe	Uusi sarja / Neue Reihe	Tyyppi / Bauart	Numerot / Nummern		Lukumäärä / Anzahl	Yhteensä / Anzahl insgesamt	Rakennusvuosi / Baujahr	Valmistaja / Hersteller	Huomautuksia / Bemerkungen
A 1	–	2B n2	1 –	5	5		1860	Brass	
			6		1	6	1863	Brass	
A 2	–	2B n2	7 –	8	2	2	1866	Brass	
A 3	–	2B n2	11 –	20	10		1869	Dübs	
			44 –	47	4		1871	Dübs	
			178 –	182	5		1893	Dübs	
			222 –	227	6	25	1898	Dübs	
A 4	–	2B n2	63 –	66	4		1872	Baldw	(ex Hanko)
			67 –	71	5	9	1873	Baldw	(ex Hanko)
A 5	–	2B n2	57		1		1874	Hki	
			58		1	2	1875	Hki	
A 6	–	2B n2	59 –	61	3		1876	WrNst	
			90 –	95	6		1875	Sigl	
			96 –	99	4	13	1876	WrNst	
A 7	–	2B n2	228 –	231	4	4	1898	SLM	
B 1	–	B1 n2t	9 –	10	2		1868	BP&C	
			53		1		1873	BP&C	
			54 –	56	3		1875	BP&C	
			150 –	151	2	8	1890	BP&C	
B 2	–	B1 n2t	100		1	1	1880	BP&C	
C 1	–	C n2	21 –	30	10	10	1869	Neil	
C 2	–	C n2	31 –	43	13		1869	Avon	
			48 –	50	3		1873	Avon	
			51 –	52	2	18	1874	Avon	
C 3	–	C n2	74 –	75	2	2	1872	Schk	(ex Hanko)
C 4	–	C n2	62		1		1877	WrNst	(ex Porvoo 3)
			78 –	89	12	13	1875	WrNst	
C 5	–	C n2v	101 –	106	6		1881	Hano	
			107 –	114	8	14	1882	Hano	
C 6	–	C n2	100		1	1	?	?	
D 1	–	1B n2	72 –	73	2	2	1872	Schk	(ex Hanko)
E 1	–	B n2t	76 –	77	2	2	1875	Carel	
E 1	–	1C1 n2t	74 –	75	2	2	1898	Baldw	(ex Hamina 1 – 2)
F 1	–	B2 n2t	63		1		1888	SLM	(ex Porvoo 3)
			64		1		1898	SLM	(ex Porvoo 4)
			115 –	116	2		1885	SLM	
			132 –	133	2	6	1886	SLM	
F 2	*–*	*1B1 n2t*	*65*		*1*	*1*	*1899*	*Baldw*	
M 1	–	1D n2vt	66		1	1	1913	Tamp	(ex Raabe 2)
G 1	Sk 1	1C n2	117 –	126	10		1885	SLM	(ex Porvoo 6)
G 1			127 –	131	5		1886	SLM	
G 2			134 –	135	2		1888	Hki	
G 1			136 –	139	4		1887	SLM	
G 1			140 –	149	10		1888	SLM	
G 1			152 –	155	4		1891	SLM	
G 1			156 –	163	8		1892	SLM	
G 1			164 –	172	9		1893	SLM	
G 1			183		1		1893	SLM	
G 2			184		1		1895	Hki	

G 2				185		1		1896	Hki	
G 4				186 − 190	5	60	1894	Dübs	
G 1	Sk 2	1C	n2	196 − 201	6		1896	SLM	
G 6				202 − 211	10		1897	NyHo	
G 1				212 − 213	2		1898	SLM	
G 9				314 − 318	5		1900	Tamp	
G 9				318	1		1905	Tamp	(ex Porvoo 5)
G 9				319 − 321	3		1900	Tamp	
G 9				360 − 372	13	40	1901	Tamp	
G 3	Sk 3	1C	n2v	173 − 177	5		1892	SLM	
G 5				191 − 195	5		1894	Dübs	
G 3				214 − 221	8		1898	SLM	
G 10				334 − 359	26		1901	Schk	
G 11				373 − 374	2		1901	Tamp	
G 11				375 − 396	22		1902	Tamp	
G 11				397 − 406	10		1903	Tamp	
G 11				427 − 428	2		1904	Tamp	
G 11				429 − 436	8	88	1905	Tamp	
G 7	Sk 4	1C	n2	242 − 253	12		1898	Baldw	
				306 − 313	8	20	1900	Baldw	
G 12	Sk 5	1C	n2v	66	1		1912	Tamp	(ex Rauma 5)
				67	1	2	1908	Tamp	(ex Raahe 3; Rauma 10 → 6)
G 8	Sk 6	1C	n2v	254 − 270	17	17	1898	Richm	
I 1	Vk 1	1C2	n2t	301 − 305	5	5	1900	Baldw	
I 2	Vk 2	1C2	n2t	454 − 455	2	2	1906	Tamp	
I 3	Vk 3	1C2	h2t	456	1		1906	Tamp	
				487 − 492	6	7	1909	Tamp	
−	Vk 4	B	n2t	68	1	1	1910	Bors	(ex Pietarsaari)
−	Vk 5	1D1	h2t	72 − 73	2	2	1913	Tamp	(ex Rauma 7, 6 → 8)
F 1	Vk 6	B2	n2t	70 − 71	2	2	1897	SLM	(ex Rauma 2 − 3)
L 1	Vr 1	C	h2t	530 − 536	7		1913	Tamp	
				537 − 544	8		1914	Tamp	
				656 − 660	5		1921	Tamp	
				661 − 665	5		1921	Hano	
				666 − 670	5		1923	Hano	
				787 − 793	7		1927	Tamp	
				794 − 799	6	43	1925	Tamp	
D 1	Vr 2	C1	h2t	950 − 952	3		1930	Tamp	
				953 − 965	13	16	1931	Tamp	
O 1	Vr 3	E	h2t	752	1		1924	Hano	
				753 − 756	4	5	1926	Tamp	
−	Vr 4	C	n2t	1400 − 1423	24	24	1945	VulcW	
−	Vr 5	C1	h2t	1400 − 1423	24	24	1945	VulcW	
K 1	Tk 1	1D	n2	271 − 280	10		1899	Baldw	
				281 − 290	10	20	1900	Baldw	
K 2	Tk 2	1D	n2v	407 − 417	11		1903	Tamp	
				418 − 426	9		1904	Tamp	
				457 − 458	2		1906	Tamp	
				459 − 470	12	34	1907	Tamp	
K 5	Tk 3	1D	h2	800 − 803	4		1928	Tamp	
				804	1		1927	Lokom	
				805 − 814	10		1928	Lokom	
				815 − 836	22		1928	Tamp	
				837 − 844	8		1929	Tamp	
				845 − 850	6		1928	Lokom	
				851 − 865	15		1929	Lokom	
				866 − 870	5		1930	Lokom	
				871 − 884	14		1929	Tamp	
				885 − 898	14		1930	Tamp	
				899	1		1930	Lokom	

–			1100 – 1108	9		1943	Lokom
–			1109 – 1112	4		1944	Lokom
–			1113 – 1114	2		1945	Lokom
–			*1115*	*1*		*1945*	*Lokom*
–			1116	1		1945	Lokom
–			1117	1		1935	Tamp	(ex Rauma 9)
–			1118	1		1927	Tamp	(ex Rauma 8 → 10)
–			1129 – 1132	4		1945	Tamp
–			1133 – 1135	3		1946	Tamp
–			1136 – 1140	5		1947	Tamp
–			1141 – 1146	6		1948	Tamp
–			1147 – 1166	20		1949	Frich
–			1167 – 1169	3		1952	Lokom
–			1170	1	161	1953	Lokom
K 3	Tv 1	1D h2	594 – 599	6		1920	Tamp
			596	1		1922	Tamp	(ex Latvia 1299)
			600 – 612	13		1917	Tamp
			613 – 617	5		1918	Tamp
			685 – 686	2		1925	Lokom
			687 – 690	4		1924	Lokom
			691	1		1923	Lokom
			692 – 696	5		1924	Lokom
			697 – 698	2		1923	Tamp
			699 – 711	13		1924	Tamp
			712 – 721	10		1923	Hano
			722 – 723	2		1925	Lokom
			724 – 728	5		1924	Tamp
			729 – 741	13		1925	Tamp
			900 – 909	10		1928	NyHo
			910 – 917	8		1931	Lokom
			918 – 920	3		1936	Lokom
			921 – 925	5		1936	Tamp
			926 – 940	15		1938	Tamp
			941 – 948	8		1939	Tamp
–			1200 – 1209	10		1944	Tamp
–			1210 – 1211	2	143	1945	Tamp
K 4	Tv 2	1D h2	618 – 637	20	20	1917	Alco
R 1	Tr 1	1D1 h2	1030	1		1940	Tamp
			1031 – 1034	4		1941	Tamp
			1035 – 1037	3		1942	Tamp
–			1038 – 1042	5		1943	Tamp
–			1043 – 1045	3		1950	Tamp
–			1046 – 1048	3		1951	Tamp
–			1049 – 1050	2		1953	Tamp
–			1051 – 1054	4		1954	Tamp
–			1055 – 1057	3		1953	Lokom
–			1058 – 1060	3		1954	Lokom
–			1061 – 1080	20		1953	Jung
–			1081 – 1087	7		1955	Lokom
–			1088	1		1956	Lokom
–			1089 – 1092	4		1956	Tamp
–			1093 – 1096	4	67	1957	Tamp
–	Tr 2	1E h2	1300 – 1309	10		1946	Baldw
			1310 – 1319	10	20	1947	Alco
N 1	Pr 1	1D1 h2t	761 – 768	8		1924	Hano
			769 – 770	2		1926	Tamp
			771	1		1925	Lokom
			772 – 776	5	16	1926	Lokom
–	Pr 2	2C2 h2t	1800 – 1803	4	4	1941	He

H 1	Hk 1	2C	n2	232	—	241	10		1898	Baldw
H 2				291	—	300	10		1900	Richm
				322	—	333	12	32	1901	Richm
H 3	Hk 2	2C	n2v	437	—	445	9		1904	Tamp
				446			1		1903	Tamp
				448	—	451	4	14	1905	Tamp
H 3	Hk 3	2C	n2v	447			1		1905	Tamp
				452	—	453	2		1906	Tamp
H 4				471	—	473	3		1907	Tamp
				474	—	475	2		1908	Tamp
H 5		2C	h2	476	—	477	2		1908	Tamp
				478	—	486	9	19	1909	Tamp
H 6	Hk 5	2C	h2	493			1		1909	Tamp
				494	—	507	14		1910	Tamp
				508	—	515	8	23	1911	Tamp
H 8	Hv 1	2C	h2	545	—	561	17		1915	Tamp
				562	—	574	13		1916	Tamp
				575	—	578	4		1920	Lokom
				648	—	651	4		1920	Lokom
				652	—	655	4	42	1921	Lokom
H 9	Hv 2	2C	h2	579	—	593	15		1919	Schk
				671	—	673	3		1922	Lokom
				674			1		1923	Lokom
				675			1		1925	Lokom
				676	—	680	5		1924	Lokom
				681	—	684	4		1925	Lokom
				777	—	780	4	33	1926	Lokom
H 9	Hv 3	2C	h2	638	—	647	10		1921	Schk
				781			1		1932	Tamp
				782	—	785	4		1933	Tamp
				991	—	995	5		1941	Lokom
				996	—	997	2		1938	Lokom
				998	—	999	2	24	1939	Lokom
H 7	Hv 4	2C	h2	516	—	523	8		1912	Tamp
				524	—	529	6		1913	Tamp
				742	—	747	6		1926	Tamp
				748	—	751	4		1926	Lokom
				757	—	758	2		1932	Lokom
				759	—	760	2	28	1933	Lokom
P 1	Hr 1	2C1	h2	1000			1		1939	Lokom
				1001	—	1002	2		1937	Lokom
				1003	—	1004	2		1939	Lokom
				1005			1		1940	Lokom
—				1006	—	1009	4		1948	Lokom
—				1010	—	1011	2		1949	Lokom
—				1012	—	1019	8		1955	Tamp
—				1020	—	1021	2	22	1957	Lokom
H 11	Hr 2	2C	n2v	1900			1		1904	Mota
				1901			1		1901	NyHo
				1902			1		1905	NyHo
				1903	—	1905	3		1902	NyHo
				1906			1	7	1901	NyHo
H 11	Hr 3	2C	n2v	1907			1		1906	Mota
				1908			1		1907	NyHo
				1909			1		1906	Mota
				1910			1		1908	Falun
				1911			1		1906	Mota
				1912			1		1907	Falun
				1913			1		1907	Atlas
				1914			1		1907	NyHo
				1915			1		1906	NyHo
				1916			1		1906	Mota
150				1917			1		1907	Falun
				1918			1		1908	Falun
				1919			1	13	1907	Falun

Valtiolle siirtyneiden yksityisrautateiden höyryveturit
Dampflokomotiven der Privateisenbahnen, die der Staat gekauft hat

Hangon rautatie   **1875**

*	2B n2	Baldw	1872	A 4	101 – 104	
*	2B n2	Baldw	1873	A 4	105 – 109	
*	1B n2	Schk	1872	D 1	294 – 295	
*	C n2	Schk	1872	C 3	247 – 248	

Haminan rautatie   **1916**

1	1C1 n2t	Baldw	1898	E 1	74
2	1C1 n2t	Baldw	1898	E 1	75

Porvoon rautatie   **1917**

1	*C n2t*	*?*	*1872*	-	-	
2	*C n2t*	*?*	*1872*	-	-	
3	C n2	WrNst	1877	C 4	63	(1887)
3	B2 n2t	SLM	1888	F 1	63	
4	B2 n2t	SLM	1898	F 1	64	
5	1C n2	Tamp	1905	G 9	65	
6	1D n2vt	Tamp	1913	M 1	66	

Raahen rautatie   **1926**

1	*1B1 n2t*	*Baldw*	*1899*	..	..
2	*1B1 n2t*	*Baldw*	*1899*	..	..
3	1C n2v	Tamp	1908	G 12	67

Rauman rautatie   **1950**

1948

1	1	1C n2	SLM	1896	Sk 2	-	
2	2	B2 n2t	SLM	1897	Vk 6	70	
3	3	B2 n2t	SLM	1897	Vk 6	71	
4	*-*	*1C n2*	*Tamp*	*1904*	*(G 9)*	*-*	
4	4	1C n2v	SLM	1892	Sk 3	174	(ex VR G 3 174)
5	5	1C n2v	Tamp	1912	Sk 5	66	
6	8	1D1 h2t	Tamp	1913	Vk 5	73	
7	7	1D1 h2t	Tamp	1913	Vk 5	72	
8	10	1D h2	Tamp	1927	Tk 3	1118	
9	9	1D h2	Tamp	1935	Tk 3	1117	
10	6	1C n2v	Tamp	1908	Sk 5	67	(ex Raahe 3, VR G 12 / Sk 5 67)

* katso / siehe Taulukko 4 / Tabelle 4

				1865	1868	1875	1876	1879	1880	1881	1882	1885	1886	1887	1888
A 1	Brass	1860	Alutar	1	1										
A 1	Brass	1860	Lemminkäinen	2	2										
A 1	Brass	1860	Ilmarinen	3	3										
A 1	Brass	1860	Suomi	4	4										
A 1	Brass	1860	Voima	5	5										
A 1	Brass	1863	Pohja	6	6										
A 2	Brass	1866	Pilvi	7	7										
A 2	Brass	1866	Tuuli	8	8										
A 4	Baldw	1872	Hyvinge			101								63	
A 4	Baldw	1872	Hangö			102								64	
A 4	Baldw	1872	Ekenäs			103								65	
A 4	Baldw	1872	Pipping			104								66	
A 4	Baldw	1873	Arnold von Trapp			105								67	
A 4	Baldw	1873	Petrofsky			106								68	
A 4	Baldw	1873	Winberg			107								69	
A 4	Baldw	1873	Jakoby			108								70	
A 4	Baldw	1873	Zilliacus			109								71	
D 1	Schk	1872	Gisiko			294, 110								72	
D 1	Schk	1872	Arnold			295, 111								73	
C 3	Schk	1872	Antoinette			247, 112								74	
C 3	Schk	1872	Helsingfors			248, 113								75	
A 6	Sigl	1875	-					71–76	201–206						90–95
A 6	WrNst	1876	-					79–82	207–210						96–99
A 6	WrNst	1876	-					83–85	59–61						
C 4	WrNst	1875	-					59–70	211–222						78–89
C 4	WrNst	1877	-											63, 62	
E 1	Carel	1875	-					77–78	223–224						76–77
B 2	BP&C	1880	-							301					100
C 5	Hano	1881	-							302–307				101–106	
C 5	Hano	1882	-								308–315			107–114	
F 1	SLM	1885	-									71–72		115–116	
F 1	SLM	1886	-										226–227	132–133	
G 1	SLM	1885	-									321–330		117–126	
G 1	SLM	1886	-										331–335	127–131	

			1917	1924	1925	1926	1932	1948
G 9	Tamp	1905	65			318		
Vr 3	Hano	1924		751	752		O 1	
Vr 1	Tamp	1925			781–785		794–798	
Vr 1	Tamp	1925			786			799

Vanha sarja / Alte Reihe	Uusi sarja / Neue Reihe	Tyyppi / Bauart	Tulipinta / Verdampfungsheizfläche m²	Tulistuspinta / Überhitzerheizfläche m²	Arinapinta / Rostfläche m²	Työpaine / Kesseldruck kp/cm²	Sylinterin halkaisija / Zylinderdurchmesser mm	Iskun pituus / Kolbenhub mm	Vetopyörän halkaisija / Treibraddurchmesser mm	Tyhjäpaino / Leergewicht Mp	Työpaino / Dienstgewicht Mp	Hankauspaino / Reibungsgewicht Mp	Akselipaino / Achslast Mp	Suurin sallittu nopeus / Zulässige Höchstgeschwindigkeit km/h	Vesitila / Wasservorrat m³	Halkotila / Holzvorrat m³	Hiilitila / Kohlenvorrat m³
A 1	-	2B n2	97.0	-	1.11	8.4	406	508	1524	25.9	28.7	17.8	8.9	.	8.2	6.5	.
A 2	-	2B n2	97.0	-	1.11	8.4	406	508	1829	27.4	29.7	18.5	9.3	75	6.2	7.1	.
A 3	-	2B n2	88.6	-	1.24	8.4	406	508	1676	32.0	34.6	22.9	11.4	95	5.9	8.5	6.0
A 4	-	2B n2	75.3	-	1.21	8.4	381	508	1575	27.2	30.0	18.2	9.1	.	5.7	7.1	.
A 5	-	2B n2	88.6	-	1.24	8.4	406	508	1676	30.2	32.8	21.3	.	95	5.9	8.5	5.3
A 6	-	2B n2	88.6	-	1.24	8.4	406	508	1676	32.5	35.0	22.6	.	95	5.9	8.5	5.3
A 7	-	2B n2	88.6	-	1.24	10.6	406	508	1676	32.7	35.4	22.8	.	95	5.9	8.5	6.0
B 1	-	B1n2t	62.7	-	0.95	8.4	356	508	1219	21.3	26.4	19.6	9.8	.	2.9	.	.
B 2	-	B1n2t	40.3	-	0.78	8.4	292	457	1143	17.4	20.5	14.0	.	65	1.2	2.0	2.0
C 1	-	C n2	83.4	-	1.15	8.4	381	508	1219	23.4	26.2	26.2	9.2	60	5.7	5.7	5.0
C 2	-	C n2	83.1	-	1.21	8.4	381	508	1219	22.3	24.8	24.8	8.3	60	5.7	5.7	5.0
C 3	-	C n2	115.1	-	1.53	9.8	445	610	1295	31.0	35.8	35.8	.	.	7.1	8.2	.
C 4	-	C n2	83.1	-	1.21	8.4	381	508	1219	26.4	28.7	28.7	.	60	5.7	8.2	5.0
C 5	-	C n2	55.9	-	1.02	10.6	368	483	1016	17.8	19.8	19.8	.	55	4.4	4.6	4.5
C 6	-	C n2	117.1	-	1.79	10.0	500	610	1235	36.3	40.9	40.9	.	15	8.0	4.3	.
D 1	-	1B n2	89.7	-	1.53	9.8	406	559	1600	29.2	32.5	20.3	12.2	.	7.1	8.2	.
E 1	-	B n2t	50.9	-	0.78	8.4	349	451	1219	19.3	22.9	22.9	.	70	1.8	.	.
E 1	-	1C1n2t	56.0	-	1.07	12.6	356	508	1245	25.7	31.0	24.9	8.3	.	.	.	.
F 1	-	B2n2t	44.9	-	0.87	10.6	310	510	1219	18.7	23.6	14.2	.	70	2.0	.	.
F 2	-	1B1n2t	49.3	-	0.86	10.5	305	521	1240	.	25.0	14.5	.	.	.	.	.
M 1	-	1D n2vt	72.9	-	1.20	12.0	410/590	510	1120	32.3	42.3	34.5	.	45	5.0	.	.
G 1	-	1C n2	68.3	-	1.11	10.6	381	510	1219	24.4	26.6	21.3	.	60	4.6	5.0	4.5
G 2	*	1C n2	68.3	-	1.11	10.6	381	510	1219	24.4	26.6	21.3	.	60	4.6	5.0	4.5
G 3	*	1C n2v	87.2	-	1.38	12.0	400/580	600	1245	31.5	34.5	29.0	.	60	7.9	7.0	5.5
G 4	*	1C n2	68.3	-	1.11	10.6	381	510	1219	24.4	26.6	21.3	.	60	4.6	5.0	4.5
G 5	*	1C n2v	87.2	-	1.38	12.0	400/580	600	1219	30.6	33.5	27.7	.	60	7.9	7.0	5.5
G 6	*	1C n2	68.3	-	1.11	10.6	381	510	1219	25.6	27.9	22.8	.	60	5.0	4.5	4.5
G 7	Sk 4	1C n2	89.3	-	1.41	12.2	381	610	1244	32.3	38.5	31.4	.	60	9.5	5.8	6.0
G 8	Sk 6	1C n2	68.3	-	1.11	12.2	400/635	510	1219	30.7	32.9	26.3	.	60	5.9	3.5	4.5
G 9	*	1C n2	68.3	-	1.11	10.6	381	510	1219	25.5	27.9	22.8	.	60	5.0	4.5	4.5
G 10	*	1C n2v	87.2	-	1.38	12.5	400/580	600	1219	32.5	35.3	29.9	.	60	7.9	7.0	5.5
G 11	*	1C n2v	87.2	-	1.38	12.5	400/580	600	1219	32.5	35.3	29.9	10.0	60	7.9	7.0	5.5
G 12	Sk 5	1C n2v	66.8	-	1.24	12.5	410/590	510	1250	30.0	33.0	26.0	8.7	.	5.7	.	.
I 1	Vk 1	1C2n2t	88.3	-	1.35	12.2	381	610	1245	41.5	49.9	25.1	.	60	5.7	1.7	2.0
I 2	Vk 2	1C2n2t	85.2	-	1.54	12.0	400	600	1250	40.3	50.9	31.5	.	60	5.7	2.3	3.0
I 3	Vk 3	1C2h2t	82.2	15.5	1.54	12.0	400	600	1250	41.1	53.5	32.0	10.7	60	5.5	.	3.0
—	Vk 4	B n2t	.	-	.	.	.	.	.	.	.	.	.	.	.	.	.
—	Vk 5	1D1h2t	80.7	18.2	1.41	10.0	430	510	1120	35.5	45.0	32.0	8.0	45	5.4	5.5	.
—	Vk 6	B2n2t	44.9	-	0.87	10.6	310	510	1219	18.7	23.6	14.2	.	70	2.0	.	.
L 1	-	C n2t	70.2	-	1.44	12.0	430	550	1270	34.8	43.6	43.6	.	15	4.5	4.0	.
L 1	Vr 1	C h2t	52.9	15.4	1.44	12.0	430	550	1270	35.4	44.8	44.8	15.0	25	4.5	4.0	.
D 1	Vr 2	C1n2t	66.3	22.6	1.55	12.0	450	600	1270	46.3	57.8	44.2	14.8	50	5.5	4.0	.
O 1	Vr 3	E h2t	122.0	38.0	2.11	12.0	570	650	1270	63.0	77.9	77.9	15.8	45	6.0	6.5	.
—	Vr 4	C n2t	94.0	-	2.80	13.0	457	609	1118	48.4	59.0	59.0	19.7	15	4.5	—	.
—	Vr 5	C1h2t	75.3	16.7	2.80	13.0	457	609	1118	50.1	63.0	48.7	16.5	45	6.0	—	.
K 1	Tk 1	1D n2	80.8	-	1.42	12.2	406	608	1133	33.3	37.5	32.6	.	40	7.6	5.9	6.5
K 2	Tk 2	1D n2v	83.6	-	1.40	12.5	410/590	510	1120	34.3	37.4	32.5	.	40	7.5	7.0	5.5
K 5	Tk 3	1D h2	84.8	26.0	1.60	14.0	460	630	1270	47.4	51.8	42.8	10.7	60	9.5	10.0	.
K 3	Tv 1	1D h2	123.8	38.6	2.31	12.0	560	650	1400	54.3	60.2	51.2	12.8	60	16.0	13.0	.
K 4	Tv 2	1D h2	113.7	35.3	2.33	12.5	508	711	1400	56.3	62.2	51.3	.	60	20.5	.	.
—	Tv 3	1D1b2	147.2	48.6	2.80	16.0	500	700	1400	71.0	78.0	56.0	14.0	70	22.0	14.0	.
R 1	Tr 1	1D1h2	195.4	68.0	3.54	15.0	610	700	1600	85.0	95.0	68.0	17.0	80	27.0	16.0	.
—	Tr 2	1E h2	210.0	63.6	6.00	12.5	635	711	1320	85.2	98.5	86.9	17.5	65	28.0	—	.
N 1	Pr 1	1D1h2t	122.0	38.0	2.11	12.0	570	650	1600	71.5	88.2	59.3	15.2	80	7.5	6.5	.
—	Pr 2	2C2h2t	171.5	66.2	3.50	16.0	530	660	1830	87.3	114.0	50.5	17.0	100	14.0	8.0	.
H 1	Hk 1	2C n2	112.8	-	1.41	12.2	406	610	1575	32.3	43.2	30.4	.	75	9.5	5.8	7.5
H 2	Hk 1	2C n2	112.8	-	1.41	12.2	406	610	1575	39.1	43.1	30.4	.	75	9.5	5.8	7.5
H 3	*	2C n2v	108.2	-	1.45	12.5	420/600	610	1575	40.0	43.3	30.1	.	75	9.1	8.0	6.0
H 4	Hk 3	2C n2v	126.7	-	1.45	13.0	420/600	610	1575	41.2	45.4	31.5	.	75	9.0	11.0	6.0
H 5	Hk 3	2C h2	107.8	20.1	1.45	12.0	450	610	1575	41.2	45.7	31.0	.	75	9.0	11.0	6.0
H 6	Hk 5	2C h2	80.7	18.2	1.41	10.0	430	510	1250	33.1	36.3	25.0	.	60	7.5	10.0	5.5
H 8	Hv 1	2C h2	108.6	30.7	1.99	12.0	510	600	1750	49.4	54.6	36.6	.	80	14.3	.	.
H 9	Hv 2	2C h2	109.8	30.7	1.96	12.0	510	600	1750	50.2	55.4	37.2	.	80	14.3	.	.
H 9	Hv 3	2C h2	109.8	30.7	1.96	12.0	510	600	1750	51.9	57.1	37.8	12.8	80	19.0	.	.
H 7	Hv 4	2C h2	96.5	26.0	1.45	12.8	450	600	1750	48.2	47.0	32.0	.	80	9.0	.	.
P 1	Hr 1	2C1h2	195.4	68.0	3.54	15.0	590	650	1900	83.0	93.0	51.0	17.0	110	27.0	16.0	.
H 11	Hr 2	2C n2v	143.0	-	2.07	14.0	508/787	610	1575	50.7	56.1	40.7	14.4	75	14.0	10.0	.
H 11	Hr 3	2C n2v	143.0	-	2.40	14.0	508/787	610	1575	53.5	59.0	43.2	14.4	75	14.0	10.0	.

* ks. s. / siehe Seite 147, 148, 150

VR: *Tilapäinen kalusto; sotatoimiveturit / Provisorisches Material; Kriegsoperationslokomotiven*

Sarja alkaen Reihe vom 31.7.&27.11.1941	Sarja alkaen Reihe vom 8.10.1942	Tyyppi Bauart	Varatut numerot Reservierte Nummern	Vetureita liikenteessä Lokomotiven im Betrieb	Työpaine Kesseldruck kp/cm^2	Sylinterin halkaisija Zylinderdurchmesser mm	Iskun pituus Kolbenhub mm	Vetopyörän halkaisija Treibraddurchmesser mm	Työpaino Dienstgewicht Mp	Hankauspaino Reibungsgewicht Mp	Akselipaino Achslast Mp	Suurin sallittu nopeus Zulässige Höchstgeschwindigkeit km/h
H 10	Hr 4	2C h2	2500 – 2501	2	12.0	540	650	1850	65.4	43.2	14.8	95
F 1	Hr 5	1C n2v	2700 – 2702	3	12.0	500/730	650	1700	57.0	43.5	14.5	80
C 1	Hr 6	1C1h2	2300 – 2302	3	13.0	550	700	1850	73.2	45.7	15.3	95
–	Hr 7	1C h2	3300	1	12.0	545	630	1900	60.0	47.2	16.0	95
B 2	Tv 3	D n2v	2200 – 2254	44	12.0	500/730	650	1200	53.2	53.2	13.4	40
B 3	Tv 4	D n2	2900 – 2901	2	12.0	520	630	1250	55.1	55.1	13.9	50
E 1	Tv 5	C n2	2400 – 2401	2	10.0	460	635	1320	38.5	38.5	13.0	50
A 1	Tr 2	E h2	2000 – 2026	24	12.0	650	700	1320	80.6	80.6	16.2	40
K 6	Tr 3	1D n2v	2600 – 2616	16	14.0	510/765	700	1300	75.6	63.1	16.5	60
B 1	Tr 4	D h2	2100 – 2111	12	11.5	540	650	1200	56.2	56.2	14.4	40
B 4	–	D h2v	3000	–	–	–	–	–	–	–	–	–
–	Vk 4	C n2	3200	–	10.0	350	550	–	–	–	–	–
T 1	Vv 1	D n2v	3100	1	13.0	420/650	–	1150	52.0	52.0	13.0	40
M	–	B n2	2800	–	–	–	–	–	–	–	–	–

Moottorivaunut / Triebwagen

Sarja Reihe	Pyörästöjärjestys Achsfolge	Numerot Nummern		Lukumäärä Anzahl	Yhteensä Anzahl insgesamt	Rakennusvuosi Baujahr	Valmistaja Hersteller	Huomautuksia Bemerkungen
Ds 1	1Bo1	1		1		1927	Pslknp	
		4 −	5	2	3	1930	Pslknp	
Ds 2	2' Bo'	6 −	7	2		1932	Pslknp	
		8 −	10	3	5	1933	Pslknp	
Ds 3	B' 2'	11 −	12	2	2	1934	Pslknp	(11 ex Ps)
Bm 1	A1	2 −	3	2	2	1928	Pslknp	
Bm 2	(1A)' (A1)'	20		1	1	1938	Carls	
Bm 3	(1A)' (A1)'	21 −	22	2	2	1939	Mota	
Dm 1	B' 2'	16		1	1	1935	Pslknp	
Dm 2	B' 2'	13 −	15	3		1936	Pslknp	
		17 −	19	3	6	1937	Tamp	
Dm 3	(1Ao)' 2'	1500 −	1509	10	10	1952	Valm	
Dm 4	(1Ao)' (Ao1)'	1600 −	1607	8		1952	Valm	
		1608 −	1609	2		1953	Valm	
		1610 −	1613	4		1954	Valm	
		1614 −	1623	10	24	1952	Valm	(ex Dm3 1500-09)
Dm 6	(1A)' (A1)'	4000 −	4014	15	15	1954	Valm	(ex 2800 − 2814)
Dm 7	(1A)' (A1)'	4020 −	4046	27		1955	Valm	
		4047 −	4064	18		1956	Valm	
		4065 −	4099	35		1957	Valm	
		4100 −	4129	30		1958	Valm	
		4130 −	4152	23		1959	Valm	
		4153 −	4179	27		1960	Valm	
		4180 −	4196	17		1961	Valm	
		4197 −	4215	19		1962	Valm	
		4216		1	197	1963	Valm	
Dm 8	B' 2'	5001 −	5014	14		1964	Valm	
		5015 −	5024	10	24	1965	Valm	
Dm 9	B' 2'	5101 −	5108	8		1965	Valm	
		5109 −	5124	16	24	1966	Valm	
Sm 1	Bo' Bo'	6001 −	6003	3		1968	Valm	
		6004 −	6005	2		1969	Valm	
		6006 −	6020	15		1970	Valm	
		6021 −	6031	11		1971	Valm	
		6032 −	6040	9		1972	Valm	
		6041 −	6050	10	50	1973	Valm	

Sarja Reihe	Numerot Nummern	Pyörästöjärjestys Achsfolge	Moottori Motor	Moottorin teho hv Motorleistung PS	Voimansiirtojärjestelmä Kraftübertragungssystem	Pituus puskimineen Länge über Puffer	Suurin nopeus Höchstgeschwindigkeit km/h	Paino työkunnossa Dienstgewicht t	
Ds 1	1	1Bo1	D	90	E	16.33	56	33.2	
Ds 1	4 – 5	1Bo1	D	90	E	16.33	56	33.2	
Ds 2	6 – 10	2' Bo'	D	165	E	20.68	75	45.4	
Ps	11	B' 2'	B	170	E	20.68	52	46.6	
Ds 3	11	B' 2'	D	170	E	20.68	52	46.4	alkaen/seit 1936
Ds 3	12	B' 2'	D	170	E	20.68	75	46.1	
Dm 1	16	B' 2'	D	165	M	20.48	90	34.5	
Dm 2	13 – 15 ,								
	17 – 19	B' 2'	D	240	M	19.98	90	38.0	
Bm 1	2 – 3	A1	B	75	M	13.18	45	20.5	
Bm 2	20	(1A)' (A1)'	B	115	M	12.90	80	10.4	
Bm 3	21 – 22	(1A)' (A1)'	B	115	M	12.88	80	12.2	
Dm 3		(1A)' 2'	D	350	M	21.00	110	40.6	
Dm 4		(1Ao)' (Ao1)'	D	2x350	M	21.00	110	47.3	
Dm 6		(1A)' (A1)'	D	180	M	16.66	95	15.0	
Dm 7		(1A)' (A1)'	D	180	M	16.66	95	17.2	
Dm 8		B' 2'	D	505	HM	26.15	140	48.0	
Dm 9		B' 2'	D	505	HM	26.15	140	48.0	

B Bensiini / Benzin
D Diesel
E sähköinen / elektrisch
H hydraulinen / hydraulisch
M mekaaninen / mechanisch

Suomen veturiteollisuuden vienti 1917–1973
Die Ausfuhr der finnischen Lokomotivindustrie 1917–1973

Tampella	1917	B1 n2	600	1	M III	Venäjä/Rußland
	1917	B1 n2	750	3	M IV	Venäjä/Rußland
	1917	C1 n2	750	1	Oa	Neuvosto-Venäjä/Sowjet-Rußland
	1922	1D h2	1524	6	K 3	Latvia/Lettland
	1949–1950	D h2	750	2	КФ	SNTL/UdSSR
	1951–1952	D h2	750	6	ПТ-4	SNTL/UdSSR
	1951–1952	D h2	750	4	КФ	SNTL/UdSSR
Lokomo	1950	D h2	750	2	КФ	SNTL/UdSSR
	1951	D h2	750	6	КФ	SNTL/UdSSR
	1968	C	1435	1	C600S	Ruotsi/Schweden
	1969	C	1435	1	C600	Ruotsi/Schweden
	1970	C	1435	1	C600	Ruotsi/Schweden
	1971	C	1435	1	C600	Ruotsi/Schweden
Valmet	1950	B	1435	1	Move 32	SNTL/UdSSR
	1950	B	1524	10	Move 3	SNTL/UdSSR
	1971	C	1435	1	Move 66	Ruotsi/Schweden
	1973	C	1435	3	Move 66	Ruotsi/Schweden
Saalasti	1970	B	1435	1	Otso 2	Ruotsi/Schweden
	1972	B	1435	1	Otso 3	Ruotsi/Schweden

52

Moottoriveturit / Motorlokomotiven

Sarja / Reihe	Pyörästöjärjestys / Achsfolge	Numerot / Nummern	Lukumäärä / Anzahl	Yhteensä / Anzahl insgesamt	Rakennusvuosi / Baujahr	Valmistaja / Hersteller	Huomautuksia / Bemerkungen
Vk 11	B	101	1	–	1930	Naxos	
		102	1	2	1936	Lokom	
Vk 12	B	103 – 104	2	2	1937	O&K	
Vk 13	B	105 – 106	2	2	1939	KHD	
Vv 11	B	107 – 108	2	2	1942	KHD	
Vv 12	B' B'	1700 – 1702	3	3	1953	Lokom	
Vv 13	C	1750	1		1953	Valm	
		1751	1		1954	Valm	
		1752 – 1756	5		1956	Valm	
		1757 – 1766	10		1957	Valm	
		1767 – 1776	10		1959	Valm	
		1777 – 1786	10	37	1960	Valm	
Vv 14	C	1705 – 1709	5	5	1954	Valm	
Vv 15	D	1955 – 1956	2		1958	*	
		1957 – 1973	17		1959	*	
		1974 – 1988	15		1960	*	
		1989 – 2012	24	58	1961	*	
Vv 16	D	2013 – 2034	22		1962	*	
		2035 – 2040	6	28	1963	*	
Vr 11	D	1804 – 1815	12		1958	*	
		1816 – 1819	4	16	1959		
Vr 12	B' B'	1851 – 1852	2		1969	Lokom	
		1853 – 1863	11		1970	Lokom	
		1864 – 1873	10		1971	Lokom	
		1874	1	24	1972	Lokom	
Sv 11	B' B'	1703	1	1	1953	Valm	(ex 1725)
Sv 12	B' B'	2501 – 2506	6		1963	*	
		2507 – 2532	26		1964	*	
		2533 – 2549	17		1965	*	
		2550 – 2568	19	68	1966	*	
Sr 12	B' B'	2701 – 2712	12		1965	*	
		2713 – 2718	6		1966	*	
		2719 – 2735	17		1967	*	
		2736	1		1968	*	
		2737	1		1967	*	
		2738	1		1968	*	
		2739	1		1967	*	
		2740 – 2748	9		1968	*	
		2749 – 2758	10		1971	*	
		2759	1		1972	*	
		2760	1	60	1971	*	

* = parittomat numerot / ungerade Nummern: Lokom
parilliset numerot / gerade Nummern : Valm

Hr 11	B' B'	1950 – 1954	5	5	1955	Valm
Hr 12	Co' Co'	2200 – 2205	6		1959	*
		2206 – 2218	13		1960	*
		2219 – 2227	9		1961	*
		2228 – 2231	4		1962	*
		2232 – 2241	10	42	1963	*
Hr 13	C' C'	2301 – 2302	2		1962	Alst
		2303 – 2306	4		1963	*
		2307	1		1964	*
		2308	1		1963	*
		2309 – 2332	24		1964	*
		2333	1		1965	*
		2334	1		1964	*
		2335 – 2354	20	54	1965	*

* = parittomat numerot / ungerade Nummern: Lokom
parilliset numerot / gerade Nummern : Valm

Moottoriveturien teknisiä pääarvoja / Hauptabmessungen der Motorlokomotiven

Sarja / Reihe	Pyörästöjärjestys / Achsfolge	Moottorin teho hv / Motorleistung PS	Voimansiirtojärjestelmä / Kraftübertragung	Pituus puskimineen / LüP m	Suurin nopeus / Höchstgeschwindigkeit km/h	Paino työkunnossa / Dienstgewicht t	Akselipaino / Achsdruck Mp
Vk 11	B	80	M	6.03	32	12.0	6.0
Vk 12	B	72	M	6.00	30	12.8	6.4
Vk 13	B	75	M	6.18	20	16.5	8.3
Vv 11	B	100	M	6.80	25	25.0	12.5
Vv 12	B' B'	450	HM	11.96	60	56.0	14.0
Vv 13	C	350	HM	7.65	30	39.9	13.3
Vv 14	C	350	M	7.65	35	39.9	13.3
Vv 15	D	840	H	11.93	75	60.0	15.0
Vv 16	D	950	H	11.93	85	60.0	15.0
Vr 11	D	840	HM	11.93	75	56.0	14.0
Vr 12	B' B'	1190	H	14.00	43/75	78.0	19.5
Sv 11	B' B'	450	HM	11.88	70	48.0	12.0
Sv 12	B' B'	1360	H	14.00	85/125	60.8	15.2
Sr 12	B' B'	1360	H	14.00	85/125	65.6	16.4
Hr 11	B' B'	2x 600	HM	15.40	120	66.5	16.6
Hr 12	Co' Co'	1900	E	18.56	120	121.8	20.3
Hr 13	C' C'	2x1400	E	18.58	100/140	98.1	16.4

E = sähköinen / elektrisch
H = hydraulinen / hydraulisch
M = mekaaninen / mechanisch

Sähköveturit / Elektrolokomotiven

Sr 1	Bo' Bo'	3001 – 3004	4	1973	Now
		3005 –			Now

Sähkömoottorijunien ja sähköveturien teknisiä pääarvoja
Hauptabmessungen der Elektrotriebwagen und Elektrolokomotiven

Sarja / Reihe	Pyörästöjärjestys / Achsfolge	Ajomoottorien yhteisteho tuntikäytössä / Stundenleistung der Bahnmotoren (zusammen) kW	Pituus puskimineen / LüP m	Suurin nopeus / Höchstgeschwindigkeit km/h	Paino työkunnossa / Dienstgewicht t	Akselipaino / Achsdruck Mp
Sm 1	Bo' Bo'	940	26.26	120	58.6	14.6
Sr 1	Bo' Bo'	3280	19.00	140	84.0	21.0

Lokomon ja Tampellan sotakorvauksena toimittamat höyryveturit
Als Kriegsentschädigung von Lokomo und Tampella gelieferte Dampflokomotiven
(Raideleveys/Spurweite 750 mm)

skv = sotakorvausvuosi/Kriegsentschädigungsjahr

	Sarja Reihe			Lukumäärä Anzahl	Yhteensä Zusammen
I skv	19. 9.1944 − 18. 9.1945			50	*50*
Lokomo	Φ-6	001 − 020	20	20	
Tampella	ΦT-4	001 − 030	30	30	
II skv	19. 9.1945 − 18. 9.1946			100	*100*
Lokomo	Φ-6	021 − 050	30		
	ПT-4	036 − 070	35	65	
Tampella	ПT-4	001 − 035	35	35	
III skv	19. 9.1946 − 18. 9.1947			69	*69*
Lokomo	ПT-4	071 − 085,			
		123 − 138	31	31	
Tampella	ПT-4	086 − 122,			
		139	38	38	
IV skv	19. 9.1947 − 30. 6.1948			76	*76*
Lokomo	ПT-4	194 − 224	31	31	
Tampella	ПT-4	140 − 184	45	45	
V skv	1. 7.1948 − 30. 6.1949			88	*88*
Lokomo	ПT-4	225 − 257	33	33	
Tampella	ПT-4	185 − 193,			
		269 − 314	55	55	
VI skv	1. 7.1949 − 31.12.1950			117	*117*
Lokomo	ПT-4	258 − 268,			
		389 − 425	48	48	
Tampella	ПT-4	315 − 383	69	69	
VII − VIII skv	1. 1.1951 − 18. 9.1952			144	*144*
Lokomo	ПT-4	426 − 429,			
		484 − 536	57	57	
Tampella	ПT-4	384 − 388,			
		430,			
		437 − 483,			
		537 − 570	87	87	
				644	

Valmetin sotakorvauksena toimittamat polttomoottoriveturit
Als Kriegsentschädigung von Valmet gelieferte Verbrennungsmotorlokomotiven

(Raideleveys/Spurweite 750 mm)

Vuosi Jahr	Tyyppi Gattung	Lukumäärä Anzahl
1946	Move 2	12
1947	Move 2	22
1948	Move 2	37
1949	Move 2	2
1951	Move 2	2
1952	Move 1	1
		76

Suomen raitiotiejärjestelmät / Straßenbahnsysteme Finnlands

Turku (Åbo)

Spårvägsaktiebolaget i Åbo / Turun Ratatieyhtiö
hevosraitiotie / Pferdestraßenbahn   *4. 5.1890 – 31.10.1892*

Elektricitätswerk Åbo Aktiengesellschaft
sähköraitiotie / Elektrische Straßenbahn   *22.12.1908 – 31.12.1918*

Turun kaupungin teknilliset laitokset / Åbo stads tekniska verk
Raitiotielaitos / Spårvägsverket   1919 – 1949
Liikennelaitos / Trafikverket   1950 –
sähköraitiotie / Elektrische Straßenbahn   *1. 1.1919 – 1.10.1972*

Helsinki ympäristöineen / Helsinki mit Umgebung

Helsinki (Helsingfors)

Spårvägs och Omnibus Aktiebolaget i Helsingfors / Helsingin Raitiotie ja Omnibus Osakeyhtiö
hevosraitiotie / Pferdestraßenbahn   *11.12.1890 – 21.10.1901*
sähköraitiotie / Elektrische Straßenbahn   *4. 9.1900 – 31.12.1944*

Helsingin kaupungin liikennelaitos / Helsingfors stads trafikverk
sähköraitiotie / Elektrische Straßenbahn   *1. 1.1945 –*

Kulosaari (Brändö)

Aktiebolaget Brändö Villastad
sähköraitiotie / Elektrische Straßenbahn   *25. 9.1910 – 31.12.1914*
(raitiovaunulautta / Straßenbahntrajekt   *19.11.1910 – 15.12.1919)*

Brändö Spårvägsaktiebolag
sähköraitiotie / Elektrische Straßenbahn   *1. 1.1915 – 31. 5.1926*

Helsingin Raitiotie ja Omnibus Osakeyhtiö / Spårvägs och Omnibus Aktiebolaget i Helsingfors
sähköraitiotie / Elektrische Straßenbahn   *1. 6.1926 – 31.12.1937*
                               11. 9.1939 – 31.12.1944

Helsingin kaupungin liikennelaitos / Helsingfors stads trafikverk
sähköraitiotie / Elektrische Straßenbahn   *1. 1.1945 – 14.12.1950*

Lauttasaari (Drumsö)

Julius Tallberg
hevosraitiotie / Pferdestraßenbahn   *1913 – 31.10.1917*

Haaga (Haga)

Aktiebolaget M. G. Stenius
sähköraitiotie / Elektrische Straßenbahn   *22.12.1914 – 31.12.1926*

Helsingin Raitiotie ja Omnibus Osakeyhtiö / Spårvägs och Omnibus Aktiebolaget i Helsingfors
sähköraitiotie / Elektrische Straßenbahn   *1. 1.1927 – 31.12.1944*

Helsingin kaupungin liikennelaitos / Helsingfors stads trafikverk
sähköraitiotie / Elektrische Straßenbahn   *1. 1.1945 – 30. 8.1953*

Munkkiniemi (Munksnäs)

Aktiebolaget M. G. Stenius
sähköraitiotie / Elektrische Straßenbahn   *22.12.1914 – 31.12.1926*

Helsingin Raitiotie ja Omnibus Osakeyhtiö / Spårvägs och Omnibus Aktiebolaget i Helsingfors
sähköraitiotie / Elektrische Straßenbahn   *1. 1.1927 – 31.12.1944*

Helsingin kaupungin liikennelaitos / Helsingfors stads trafikverk
sähköraitiotie / Elektrische Straßenbahn   *1. 1.1945 –*

Viipuri

Allgemeine Elektricitäts-Gesellschaft
sähköraitiotie / Elektrische Straßenbahn   *28. 9.1912 – 30.12.1936*

Viipurin kaupungin sähkölaitos
sähköraitiotie / Elektrische Straßenbahn   *31.12.1936 – 1.12.1939*
                               16.12.1939 – 23.12.1939
                               5. 5.1943 – 15. 6.1944

Suomen kaupunkien henkilöliikenteen raitiovaunut / Straßenbahnwagen des Personenverkehrs

Helsinki

Hevosraitiovaunut / Pferdestraßenbahnwagen

1 − 19	19	Scan	1890

Sähköraitiovaunut / Elektrische Straßenbahnwagen

Moottorivaunut / Triebwagen

HRO	HKL				
1 − 25		25	Kummer	1900	
26 − 35		10	Kummer	1901	
36 − 45		10	ASEA	1908	
46 − 112	1 − 67	67	ASEA	1908 − 1919	
113 − 114	68 − 69	2	ASEA	1919	+ (ex Kulosaari)
151 − 170	71 − 90	20	Brill/GE	1920	
171 − 200	91 − 120	30	NDWF	1924 − 1925	
121 − 150	121 − 150	30	ASEA	1928	
401 − 412	151 − 162	12	ASEA	1930	
413 − 424	163 − 174	12	SAT/AEG	1941	
425 − 430	175 − 180	6	SAT/Str	1942	
431 − 436	181 − 186	6	ASEA/AEG	1941	+
	187 − 189	3	Karia/Str	1946	
	190 − 202	13	Karia/Str	1947	
	203 − 218	16	Karia/Str	1950	
	219 − 223	5	Kai/Str	1950	
	224 − 226	3	Kai/Str	1951	
	301	1	Karia/Str	1954	+
	302 − 330	29	Karia/Str	1955	+
	331 − 357	27	Valm/Tamp/Str	1955	+
	358 − 375	18	Valm/Tamp/Str	1956	+
	1 − 15	15	Karia/Str	1959	+
	16 − 30	15	Valm/Tamp/Str	1959	+
	31 − 37	7	Valm/SAT/Str	1973	++
	38 −		Valm/SAT/Str		++

Perävaunut / Beiwagen

1 − 10	561 − 570	10	ASEA	1908 − 1909	
22 − 34	571 − 582	13	*Kummer*	*1900 − 1909*	
27	583	1	Hlt	*1908*	
36 − 45	584 − 591	10	*ASEA*	*1908*	
217 − 231	534 − 548	15	ASEA	1916 − 1917	
232 − 243	549 − 560	12	Hlt	1919	
244 − 245	532 − 533	2	ASEA	1908 − 1909	
251 − 289	601 − 639	39	ASEA	1909 − 1919	
301 − 312	651 − 662	12	NDWF	1924	
313 − 320	663 − 670	8	NDWF	1925	
321 − 350	671 − 700	30	ASEA	1928 − 1930	
351 − 374	701 − 724	24	LHB	1939 − 1940	
501 − 531	501 − 531	31	Scan	1901 − 1904	(ex Københavns Sporveje)
	725 − 741	17	Kai	1945	
	742 − 744	3	Kai	1946	
	745 − 759	15	Kai	1947	
	760 − 764	5	Kai	1948	
	765 − 775	11	Karia	1947	
	776 − 780	5	Karia	1949	
	501 − 530	30	Karia/Str	1957	+

+ neliakselinen / vierachsig
++ kuusiakselinen / sechsachsig

Turku

Hevosraitiovaunut / Pferdestraßenbahnwagen

1 −	5	5	Atlas	1890

Sähköraitiovaunut / Elektrische Straßenbahnwagen
Moottorivaunut / Triebwagen

1 −	11	11	ASEA/AEG	1908	
12 −	13	2	ASEA/AEG	1909	
14 −	15	2	NDWF	1921	
16 −	19	4	ASEA/AEG	1933	
20 −	23	4	ASEA/AEG	1934	
24 −	26	3	SAT/AEG	1934	
27 −	33	7	SAT/AEG	1938	
34 −	37	4	SAT/AEG	1944	
38 −	47	10	Karia/Str	1951	
48 −	55	8	Valm/Tamp/Str	1956	+

Perävaunut / Beiwagen

100 − 105		6	TRT	1919	
101		1	Kai	1947	
102 − 104		3	Kai	1948	
105		1	Kai	1949	
106 − 110		5	TKL	1936	
111		1	TKL	1939	
112		1	TKL	1941	
113		1	TKL	1942	
114 − 115		2	TKL	1943	
116 − 121		6	SAT	1943	
122 − 124		3	Karia	1946	
125 − 130		6	Karia	1947	
131 − 132		2	TKL	1951	(ex 11, 7)
133 − 136		4	TKL	1952	(ex 12, 1, 4, 8)
137 − 138		2	TKL	1953	(ex 6, 9)
139		1	TKL	1954	(ex 14)
140		1	TKL	1955	(ex 3)
141		1	TKL	1958	+

Huom./Note: TKL = Turun kaupungin liikennelaitos,
Konepaja/Werkstatt

Viipuri

Sähköraitiovaunut / Elektrische Straßenbahnwagen
Moottorivaunut / Triebwagen

1 −	12	12	ASEA/AEG	1912
13 −	18	6	AEG	1922
19		1	HaWa	1930

Perävaunut / Beiwagen

50 −	53	4	ASEA	1912	
54 −	57	4	?	?	
58		1	?	?	(ex Hörder Kreisbahn)
59 −	64	6	?	?	(ex Hörder Kreisbahn)

Suomen johdinautojärjestelmät / O-Bussysteme Finnlands

Tampere

Tampereen kaupungin liikennelaitos
johdinautojärjestelmä / O-Bussystem   *8.12.1948 —*

Helsinki

Helsingin kaupungin liikennelaitos / Helsingfors stads trafikverk
johdinautojärjestelmä / O-Bussystem   *5. 2.1949 —*

Suomen johdinautot / Obusse

Tampere

1	1	Valm/BBC/B	1948
2 — 3	2	Valm/BThH	1948
4 — 13	10	Valm/BThH	1949
14 — 20	7	Valm/BThH	1950
21 — 22	2	Valm/BBC/B	1951
23 — 27	5	Valm/BThH	1954
28 — 29	2	Valm/BThH	1959

Helsinki

601 — 603	3	Häggl/ASEA	1940 — 1941	(ex Stockholms Spårvägar)
604 — 608	5	Valm/BThH	1949	
609 — 616	8	Valm/BThH	1950 — 1951	
617 — 623	7	Valm/BThH	1953	
624 — 625	2	Valm/BThH	1959	
626	1	Valm/BThH	1960	

Vuokratut/Gemietete (7. 5. 1973 — 7. 11. 1973):

601 — 603	3	Siu	1973

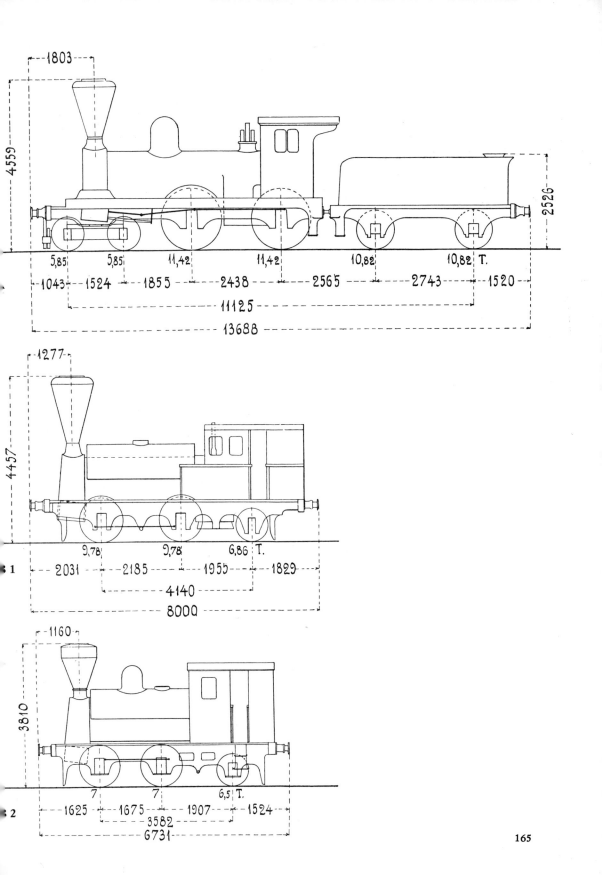

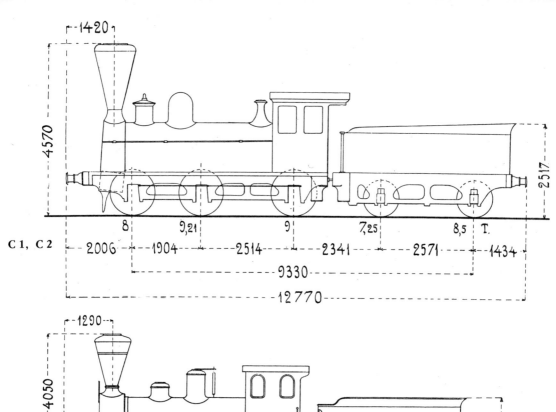

C 1, C 2

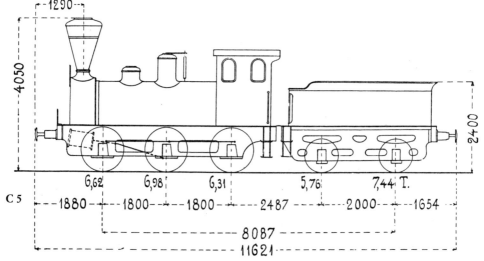

C 5

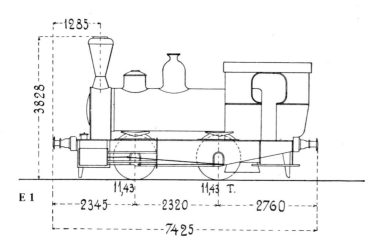

E 1

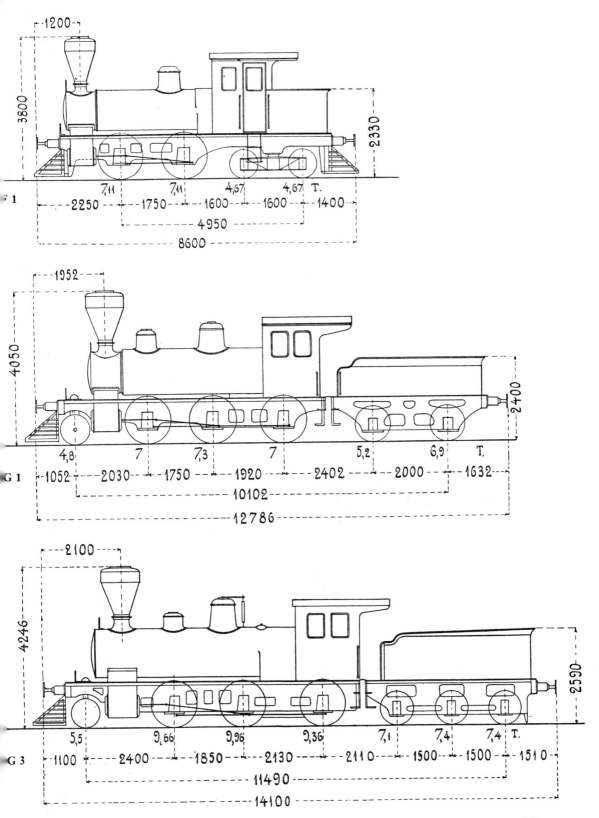

F 1

3800
1200
2330
7,11　7,11　4,67　4,67　T.
2250　1750　1600　1600　1400
4950
8600

G 1

4050
1952
2400
4,8　7　7,3　7　5,2　6,9　T.
1052　2030　1750　1920　2402　2000　1632
10102
12786

G 3

4246
2100
2590
5,5　9,66　9,96　9,36　7,1　7,4　7,4　T.
1100　2400　1850　2130　2110　1500　1500　1510
11490
14100

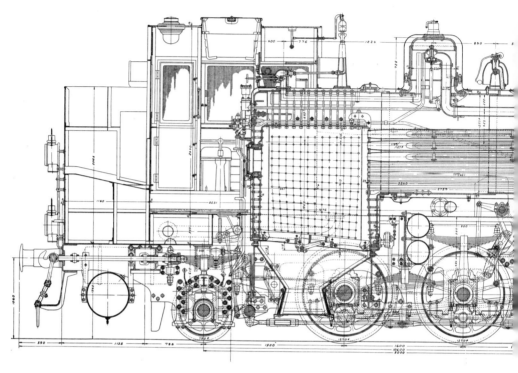

Vr 2

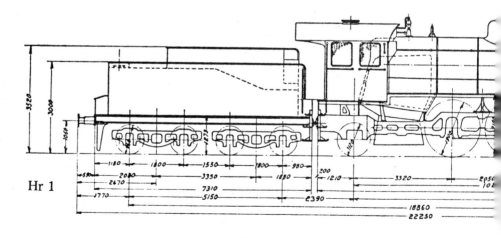

Hr 1

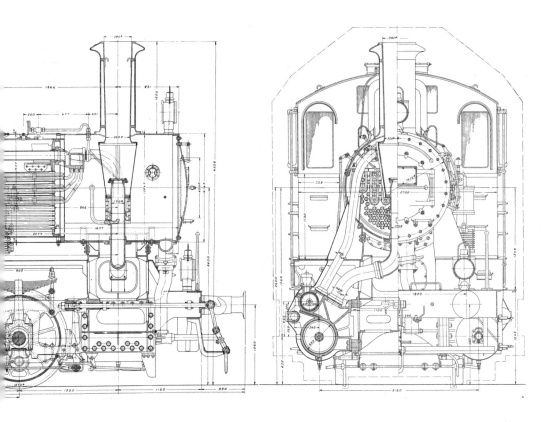

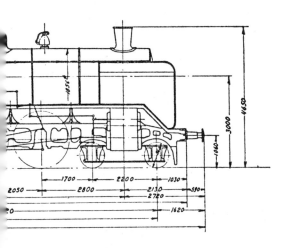

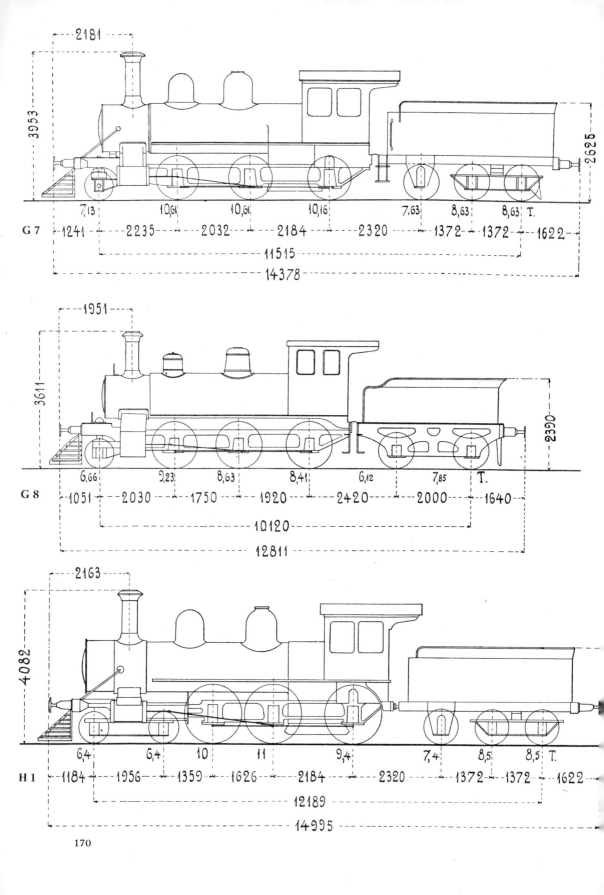

G 7

2181

3953

2625

7,13   10,61   10,61   10,16   7,63   8,63   8,63 T.

1241 — 2235 — 2032 — 2184 — 2320 — 1372 — 1372 — 1622

11515

14378

G 8

1951

3611

2360

6,66   9,23   8,63   8,41   6,12   7,85   T.

1051 — 2030 — 1750 — 1920 — 2420 — 2000 — 1640

10120

12811

H 1

2163

4082

6,4   6,4   10   11   9,4   7,4   8,5   8,5 T.

1184 — 1956 — 1359 — 1626 — 2184 — 2320 — 1372 — 1372 — 1622

12189

14995

170

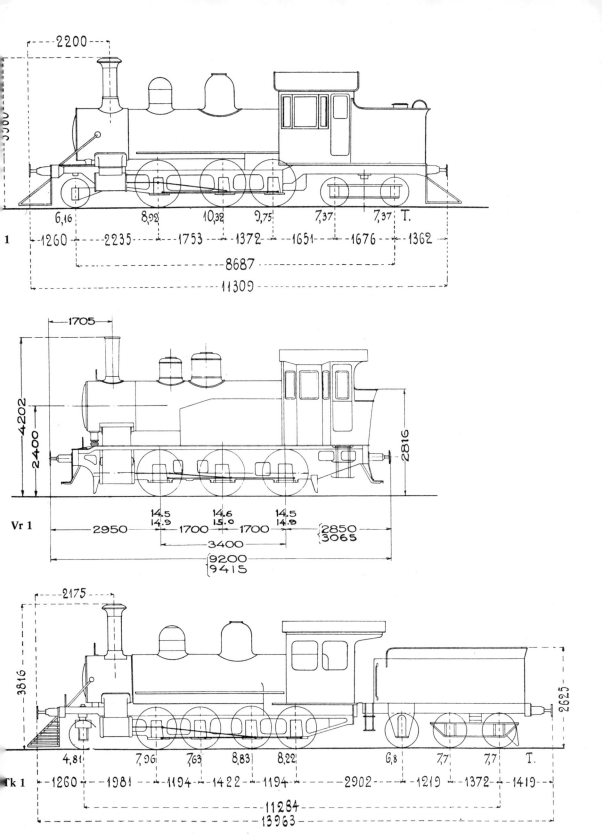

1

Vr 1

Tk 1

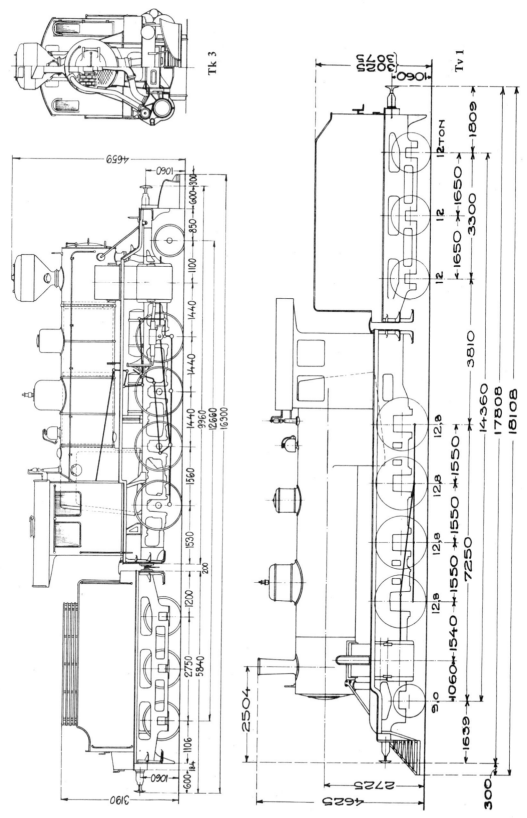

Tk 3

Tv 1

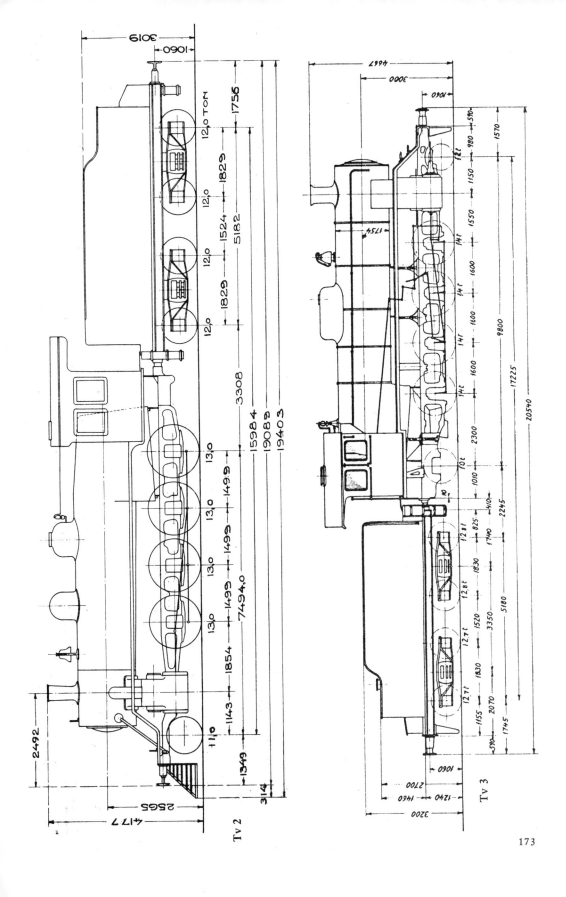

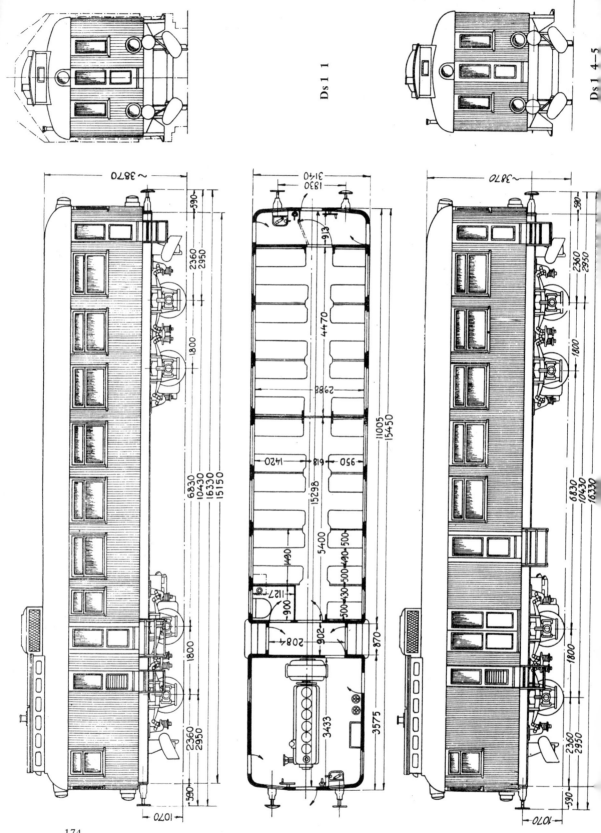

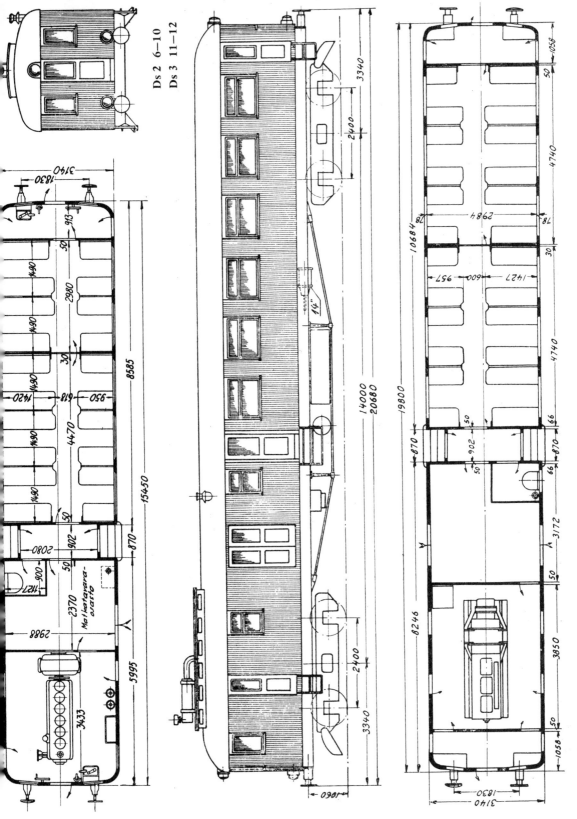

Ds 2 6–10
Ds 3 11–12

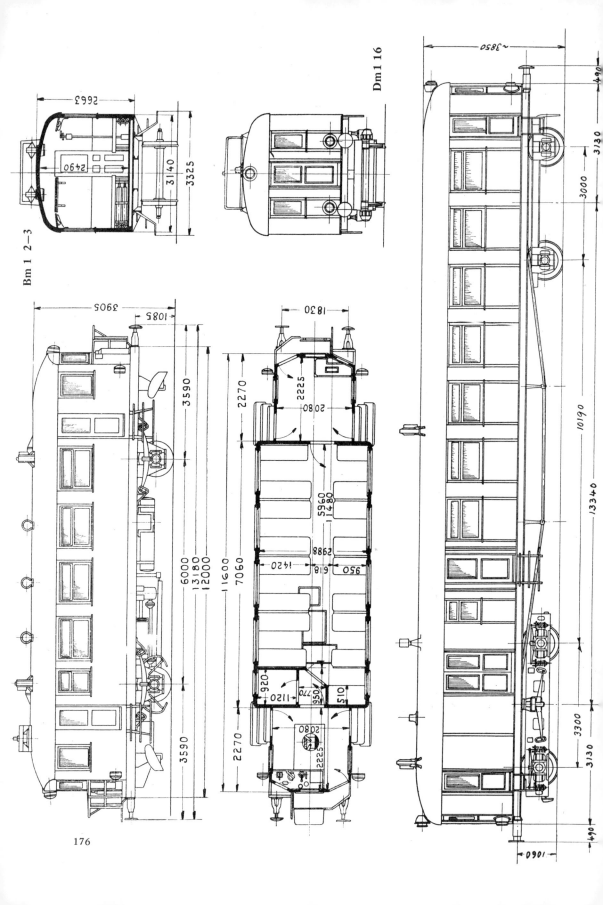

Bm 1 2-3

Dm1 16

176

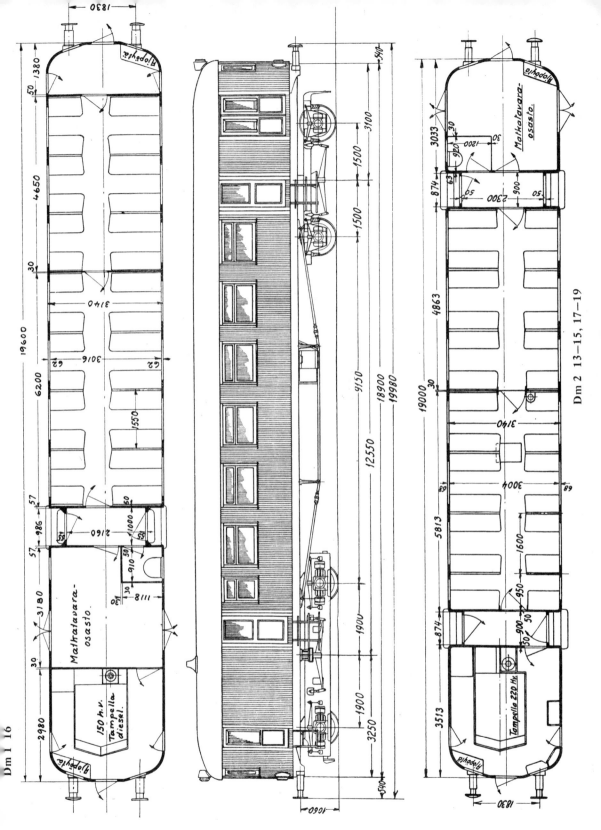

Dm 1 16

Dm 2 13–15, 17–19

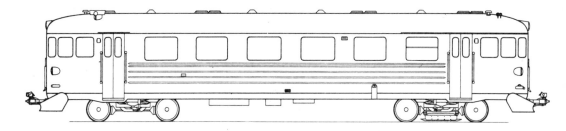

Dm 7

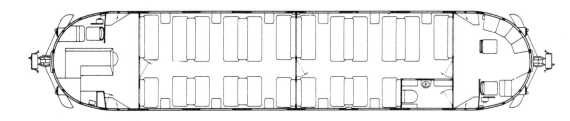

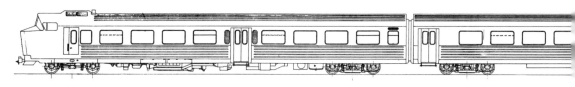

Dm 8

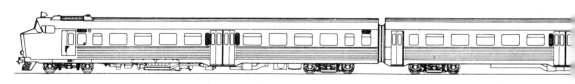

Dm 9

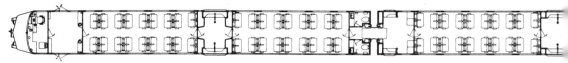

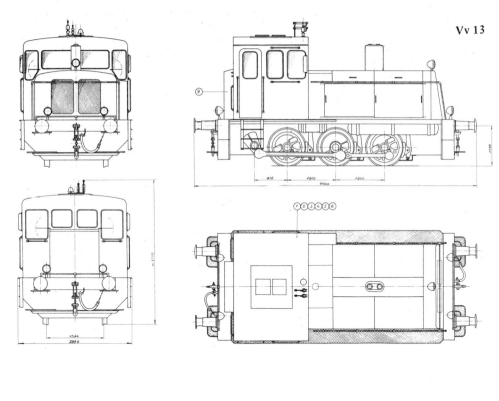

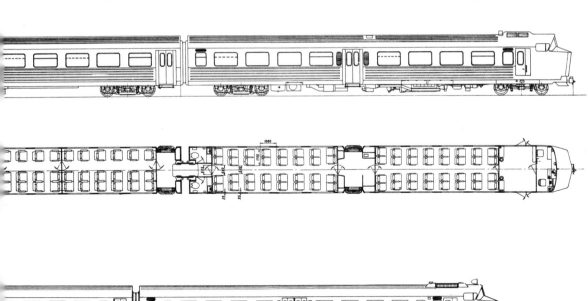

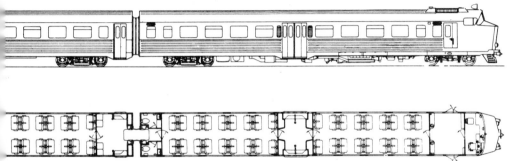

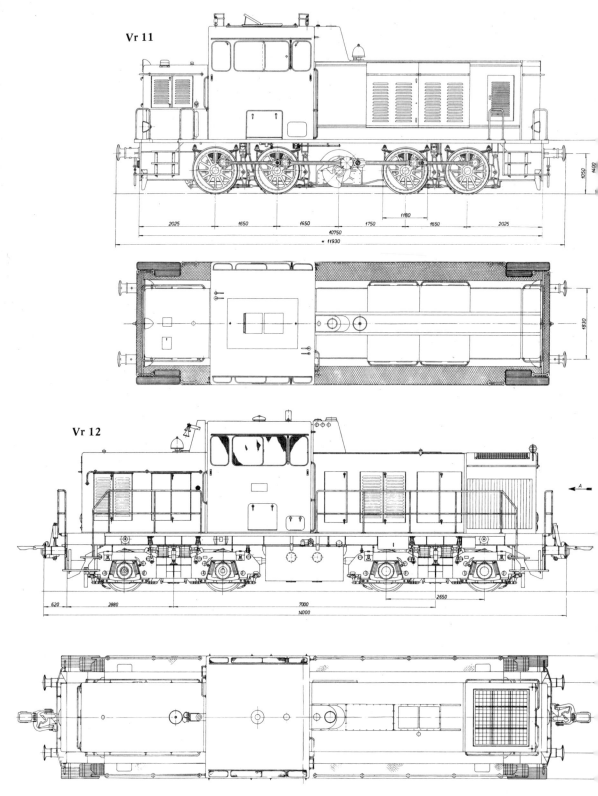

Vr 11

Vr 12

180

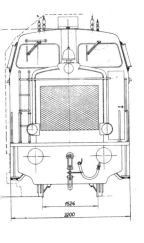

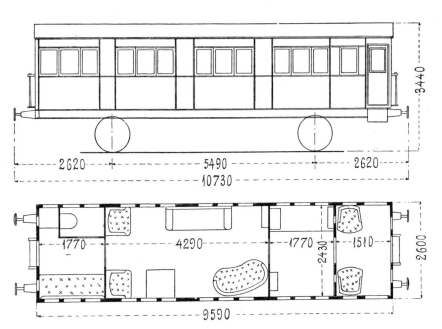

A 1 Pääjohtaja Georg Strömbergin virkavaunu
Dienstwagen des Generaldirektors Georg Strömberg

A 2 Tsaarin salonkivaunu
Salonwagen des Kaisers

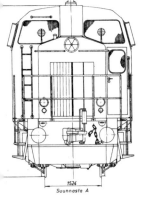

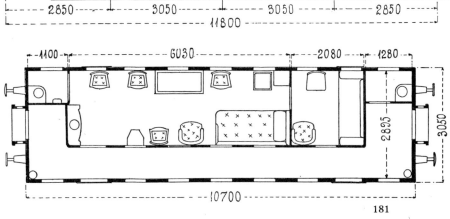

181

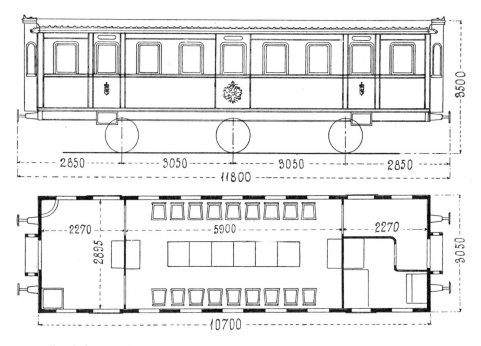

A 3   Tsaarin junan ruokailuvaunu
Speisewagen des kaiserlichen Zuges

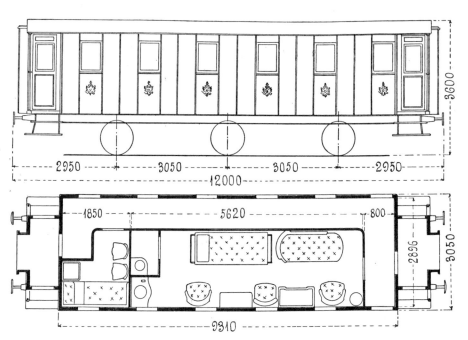

A 6   Tsaarittaren salonkivaunu
Salonwagen der Kaiserin

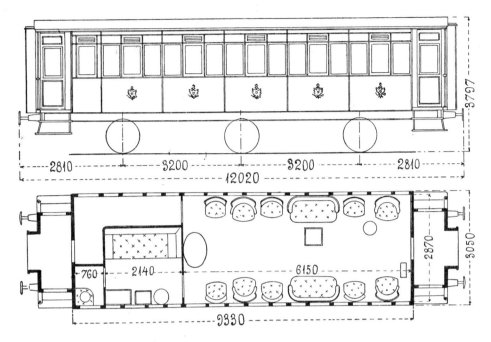

A 7 Tsaarin junan seurusteluvaunu
Salonwagen des kaiserlichen Zuges

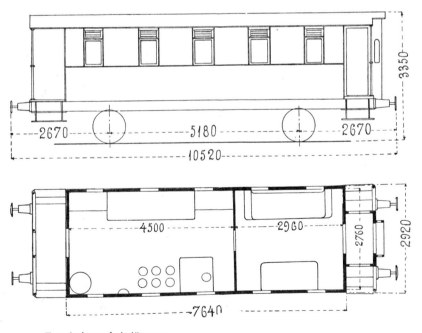

.A 4 Tsaarin junan keittiövaunu
Küchenwagen des kaiserlichen Zuges

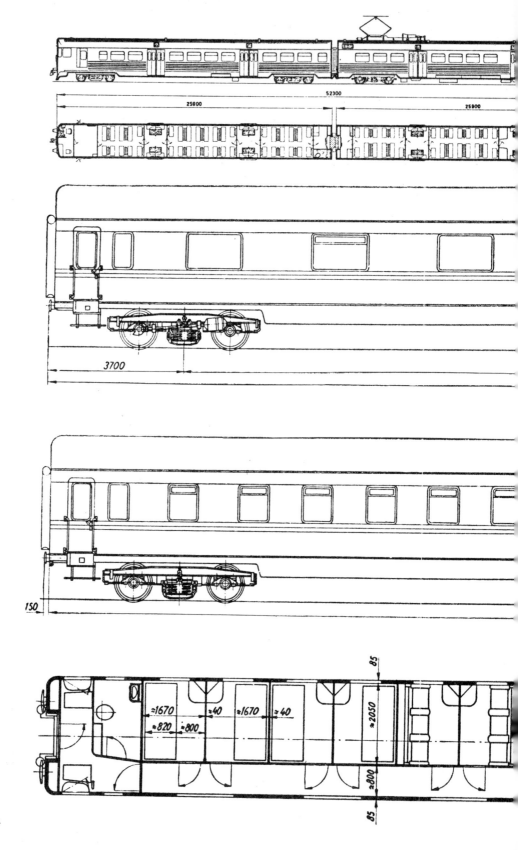

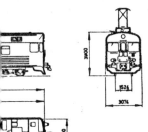

Sm1 6001—6005

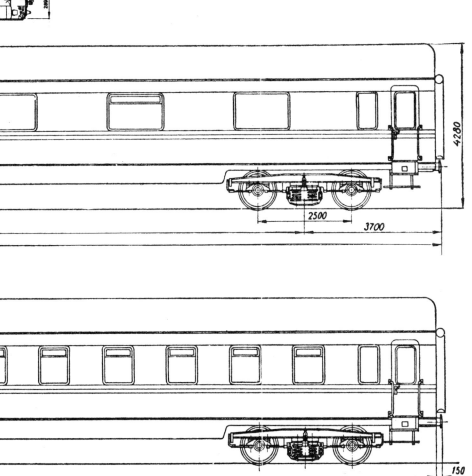

CEmt 24001—24040   Makuuvaunu / Schlafwagen

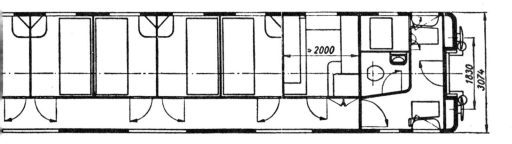

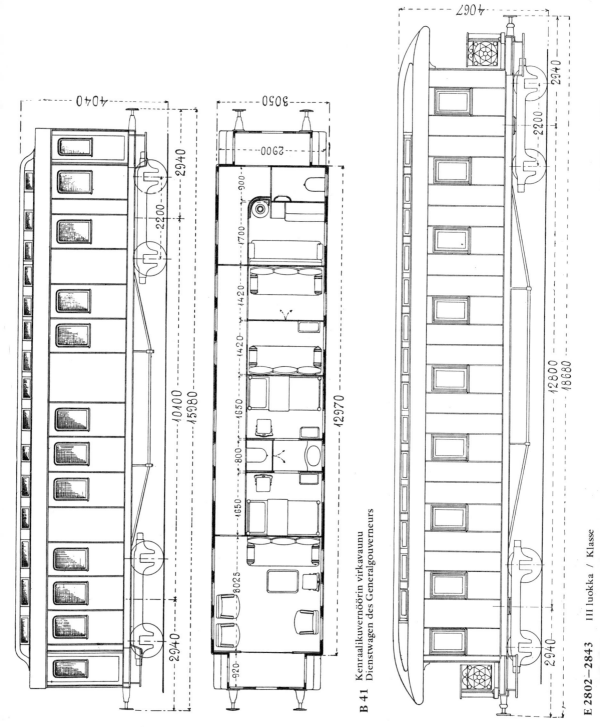

B 41 Kenraalikuvernöörin virkavaunu
Dienstwagen des Generalgouverneurs

E 2802–2843 III luokka / Klasse

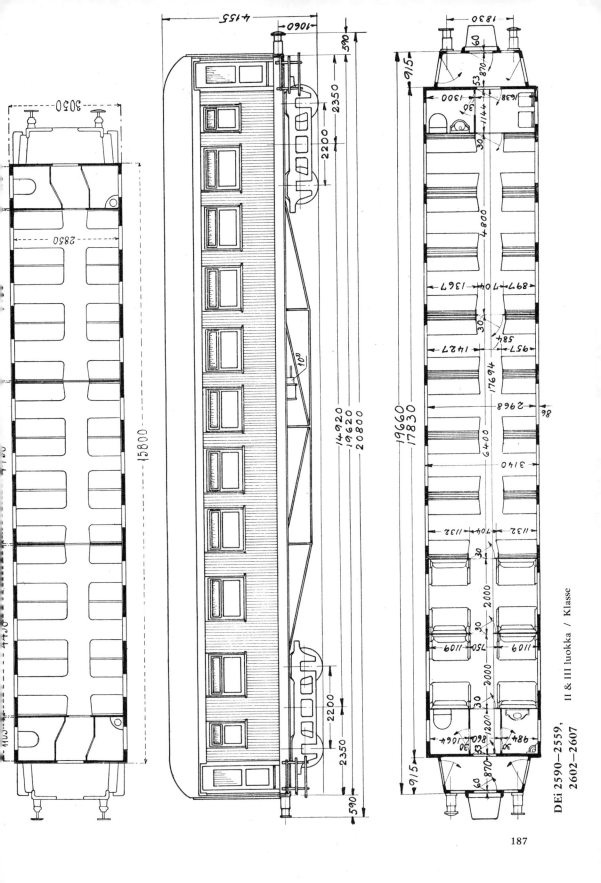

DEi 2590—2559,   II & III luokka / Klasse
2602—2607

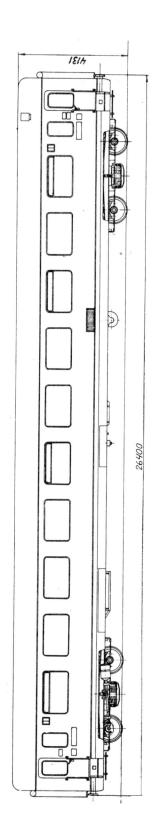

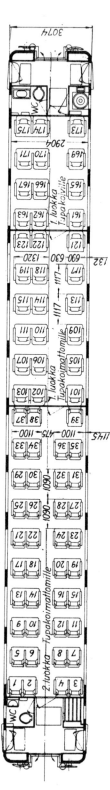

CEit 2651–2671   I & II luokka / Klasse

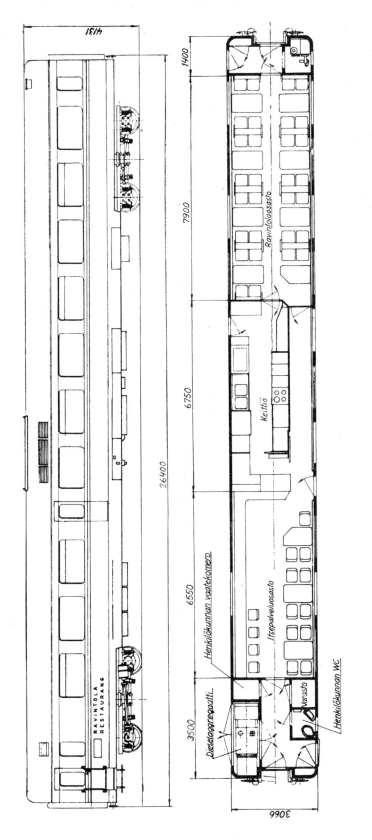

Rt 23701–23706 Ravintolavaunu / Speisewagen

4131

26400

RAVINTOLA
RESTAURANG

1400

7900

Ravintolaosasto

6750

Keittiö

6550

Henkilökunnan vaatekomero

Itsepalveluosasto

3500

Dieselaggregatti

Varasto

Henkilökunnan WC

3066

189

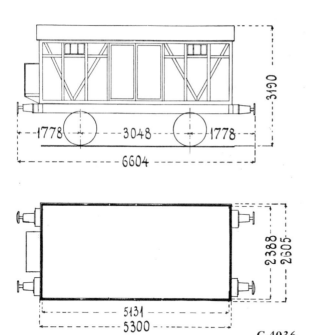

G 4036 . . . 4199   Riihimäen–Pietarin rataa varten
Riihimäki–St. Petersburg-Bahn

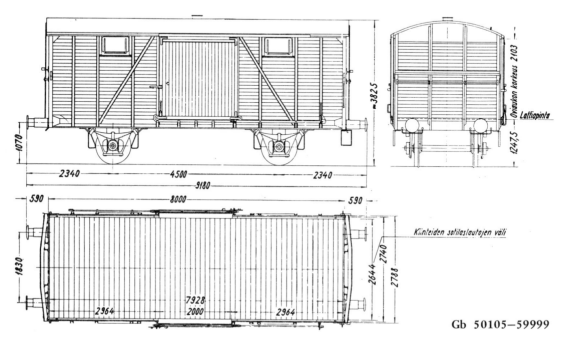

Gb 50105–59999

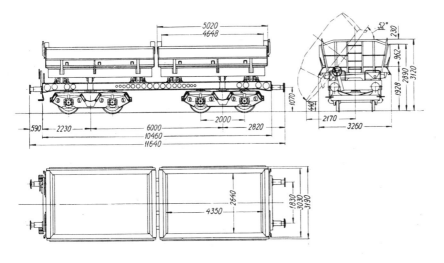

Ome   Malminkuljetusvaunu / Erzwagen

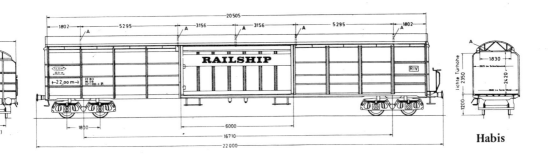

Habis

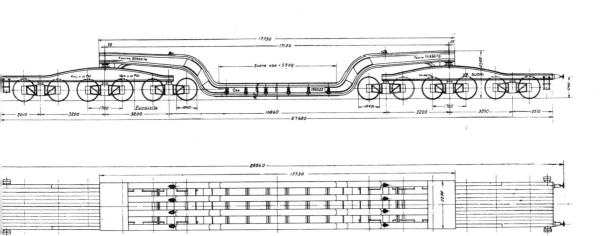

Osa 199522—199523

Kirjallisuutta / Literatur

Jaakko Auer: *Suomen sotakorvaustoimitukset Neuvostoliitolle.* Dissertation. Helsinki, 1956
Sakari Collan: *Rautatieajatuksen kehitys Suomessa ensimmäisen rautatien hyväksymiseen saakka.*
  Akademische Übungsarbeit. Handschrift im finnischen Eisenbahnmuseum. Ohne Jahreszahl (1934?).
C. B. F.: *Finlands jernvägar, deras uppkomst och utveckling.* Helsingfors, 1901
Helmut Griebl / Hansjürgen Wenzel: *Geschichte der deutschen Kriegslokomotiven.* Wien, 1971
K. J. Immonen: *Valtionrautatiet 1862—1962.* Helsinki, 1961
J. H. Kala: *Suomen rautateiden rakennushistoria.* Helsinki 1917
Topi Kallio: *Rautateiden suunnat viennin kannalta ja valtion tulot Suomessa.* Helsinki, 1925
Einari Kaskimies: *Valtionrautatiet.* Porvoo, 1935
Lassi Lehtomäki: *Suomen kapearaiteiset rautatiet.* Turku, 1971
Tuomo Polvinen: *Die finnischen Eisenbahnen in den militärischen und politischen Plänen Russlands vor
  dem ersten Weltkrieg.* Dissertation. Helsinki, 1962
Eljas Pölhö: *Humppila—Forssan rautatie.* 1968
M. G. Schybergson: *Politische Geschichte Finnlands 1809—1919.* Stuttgart, 1929
Frank Stenvall: *Nordens järnvägar 1968, 1969, 1970, 1971, 1972.* Malmö
Uno Öller: *Suomen rautatiet lapsenkengissä.* Helsinki, 1930
Suomen Valtionrautatiet 1862—1912. I—II. Helsinki, 1912 & 1916
Valtionrautatiet 1912—1937. I—II. Helsinki, 1937
Valtionrautatiet 1937—1962. Helsinki, 1962
Rörliga materielen vid Finska Statsjärnvägarne den 31.12.1902. Helsingfors, 1903
Suomen Valtionrautatiet. Kuvia liikkuvasta kalustosta 31.12.1911. Helsinki, 1912
Valtionrautatiet. Vetovoimakalusto 1.1.1971. Helsinki, 1971
Valtionrautatiet. Vetovoimakalusto 1.7.1973. Helsinki, 1973
Suomen Virallinen Tilasto. XX. Rautatietilasto. (Finnlands offizielle Statistik. Serie 20. Eisenbahnstatistik.)
  Von verschiedenen Jahren.
Kysymys Suomen ja Venäjän rautateitten välisen yhdysradan rakentamisesta. Helsinki, 1908

Jahresberichte der Staatseisenbahnen und der Privatbahnen Finnlands (teils gedruckt, teils handschriftlich im
  Staatsarchiv, Helsinki)
Jahresberichte der Straßenbahn- und Obusunternehmen
Aufsätze in den Fachzeitschriften *Rautatieliikenne, Rautatieuutiset* und *Resiina*
Broschüren und Mitteilungen des Pressedienstes der finnischen Eisenbahnverwaltung und der Fabriken, die
  Schienenfahrzeuge herstellen.

Suomen valtionrautateiden sekä yksityisrautateiden vuosikertomukset (osittain painetut,
  osittain käsikirjoituksina valtionarkistossa Helsingissä).
Helsingin, Tampereen ja Turun kaupungin liikennelaitosten vuosikertomukset.
Artikkelit *Rautatieliikenne-, Rautatieuutiset-* ja *Resiina*-lehdissä.
Valtionrautateiden julkaisut ja tiedotteet.
Rautatiekalustoa valmistavien tehtaiden esitteet.

Korjaus:
Sivun 89 keskimmäisessä kuvatekstissä on veturin n:o 313 sarjamerkinnäksi mainittu virheellisesti H2;
pitää olla G7.

Berichtigung:
Im mittleren Bildtext auf der Seite 89 (Lokomotive 313) muß es statt Reihe H2 richtig G7 heißen.

Alla kuvattu Valtionrautateiden liikemerkki on ollut
käytössä vuoden 1961 alusta alkaen.

Dieses Emblem verwenden die Finnischen Staatsbahnen seit Anfang 1961.

(Valtionrautatiet = Staatsbahnen)

VALTIONRAUTATIET